統計（とうけい）が
どんなところで
どんな風（ふう）に
活躍（かつやく）しているのか
見（み）に行（い）ってみよう！

はじめに

この本は「身のまわりの統計現象・統計学の基本」を足し算、引き算、掛け算、割り算といった算数だけで調べてみよう、というものだ。算数の知識だけでも、統計学の考え方やそのおもしろさを十分に理解できる。だから、遊び心で統計学に接してみることにしよう。

最初のPart 1では、「統計を学ぶと、どういうことができるようになるのか」をイメージできるようになっている。「結局、統計を使って、なにができるの？」ということを理解することこそ、先決だと思ったからだ。

Part 2〜Part 4では、「統計学の基本的な考え方」をひと通り紹介している。ここを読むだけでも、統計学についてはかなりの知識が身につくはずだ。自信をもってほしい。大人にだって、負けないぞ！

最後のPart 5に入ると、「統計学のセンス・感覚」を高める

002

ための実験や考え方、知恵をいくつも紹介している。"実験"といっても、理科の実験ではない。だから、とくに実験器具なんて用意する必要もないよ。10円硬貨やサイコロがあれば十分。めんどうがらず、いっしょになって試してみてほしい。実験をしたときに得られた経験は、きっと、あとになってからとても役に立ってくると思うからだ。

　ホントのことをいうと、「小学生には少しむずかしいかなぁ？」と思うところもあるんだ。でも、大丈夫。その部分は中学生になってから、あるいは高校生になってから、もう一度読み返してみてほしい。そのときには、きっとわかるようになっているはずだから。読み返すことが大事なんだ。

　本書を読むことで、身のまわりの世界がこれまでとは、きっと違ったものに見えてくると思う。それこそ、「学ぶ」ということなんだ。

2018年4月　涌井良幸

統計ってなんの役に立つの？

もくじ

Part1 統計を学ぶとどうなる？

- 広告のカラクリを見抜く ……… 008
- ニュースをクールに見る ……… 010
- 身のまわりのことと世の中がつながる！ ……… 012
- 商売に成功する！ ……… 014
- 仕事ができる人になる！ ……… 016
- エンジニアや博士は統計の達人だ！ ……… 018
- 将来を予測できる！ ……… 022
- インチキを見抜く！ ……… 024
- 統計の極意はおみそ汁の味見？ ……… 026

Part2 データをまとめてみよう

- 資料の整理をしてみよう ……… 032
- 度数分布グラフをつくってみよう ……… 036
- いろいろなグラフを見てみよう ……… 038
- 平均値ってなんだ？ ……… 040
- 中央値ってなんだ？ ……… 042
- 最頻値ってなんだ？ ……… 044
- 3つの代表値はどう使うの？ ……… 046
- 「バラツキ具合」を表すには？ ……… 050
- バラツキを1つの数値で表す ……… 052
- 「標準偏差」で傾向が見える！ ……… 056
- 分散とグラフの中の標準偏差 ……… 058
- 2つの資料の関係を見よう ……… 062
- 2つの資料を1つの数字で見る ……… 064

Part3 確率ってなんだ？

- 確率ってなあに？ ……… 068
- やってみた確率 ……… 070
- アタマの中で考えた確率 ……… 072
- 確率の値は0から1 ……… 074
- 確率をグラフにしよう① ……… 076

もくじ

確率をグラフにしよう② ……… 078
期待値って？ ……… 084

Part4
統計で世の中が見える

わずかなデータで全体を見抜く ……… 090
標本の取り出し方は2通り ……… 093
ちょっとキケンな点推定 ……… 096
コインゲームのインチキを見抜く ……… 100

Part5
統計センスをみがこう

お米をまいて円周率がわかる？ ……… 106
コインで確率の自由研究① ……… 110
コインで確率の自由研究② ……… 112
コインで確率の自由研究③ ……… 116
表、表、表、次はどっち？ ……… 120
サイコロを振って自由研究 ……… 122
データがたくさんあると
　正規分布になるの？ ……… 126
消しゴムでつくったサイコロの確率は？ ……… 130

あみだくじで実験しよう ……… 132
人数が多いとジャンケンは大変!? ……… 134
期待値を使って賢く選ぶ ……… 136
カードを使って実験しよう ……… 138
抽選を2回引いたら2倍当たる？ ……… 140
全部調べれば必ず正しい？ ……… 146
人気商品の売り上げが辿る運命は…？ ……… 148
統計を正しく見るために ……… 150

もくじ

Part 1

統計を学ぶと
どうなる？

統計を学ぶと
どんないいことがあるの？
まずはみんなの「生きる力」になる
統計のすごいところを
見ていくよ！

広告の カラクリを見抜く

「統計」と聞くと、数学のお勉強の世界の話だと思っている人が多い。でも、みんなが目にする食料品、衣類、薬などの広告には、統計学のテクニックがよく使われているんだ。たとえば……。

でも、広告をよ〜く見ると、下のほうに小さく「○○部門」と書いてある。このように、範囲を小さくすれば、その中に入る会社や製品は少なくなる。場合によっては、1社だけかも。

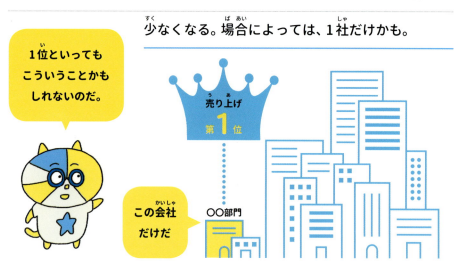

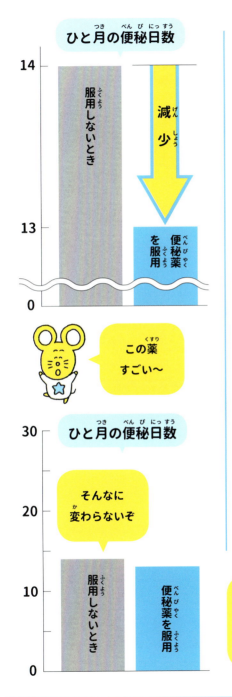

左のグラフを見れば、「これで便秘が解消できる！」と思うだろう。でも、グラフの途中がカットされているぞ。これをカットなしで見てみたのが下の図だ。あれ、ほとんど差がないじゃないか！

こんなふうに、統計学のテクニックを使ったさまざまな広告に囲まれながら、私たちは生きている。統計学を理解すると、自分のアタマで考え、買うかどうかも冷静に判断できるようになる。

よし、今日から統計学を勉強しよう！

ニュースをクールに見る

テレビのニュースキャスターが次のようにいった。これを聞いたキミはどう思う？

ランダムに1000人選んで調査した結果、○○内閣の支持率は48％で、今回初めて50％を割りました!!

50％を割った？内閣が心配だ！

ランダムというのは、特に何も考えず、デタラメに1000人選んだという意味。テレビや新聞では、一般の人に電話などでアンケート調査をして、世の中の状態を数字やグラフにして教えてくれる。

しかし、右のページの実験を知った上で、このキャスターのコメントをもう一度考えたら、どうなるだろうか。1000人ぐらいの調査では、数％の誤差があって当たり前。すると、本当の支持率は50％以上かもしれないよね。「50％を割った」ことをビッグニュースのようにいうのは危険な判断で、「48％でした」とだけ伝えるべきじゃない？

実験

袋の中に玉がたくさん入っていて、そのうち半分が赤玉である。この袋から1個取り出して色を確認したら戻し、また、よくかき混ぜて1個取り出し色を確認する。この操作を10回くり返し、その中での赤玉の割合を調べたら、赤玉の数は袋の中の赤玉の割合の50%と等しくなるだろうか。

答えは「ノー」。10回中、赤玉が3回（30%）のときもあれば、6回（60%）のときもある。もちろん5回（50%）のときもあるけれど、ピッタリ50%になることはそれほど多くない。

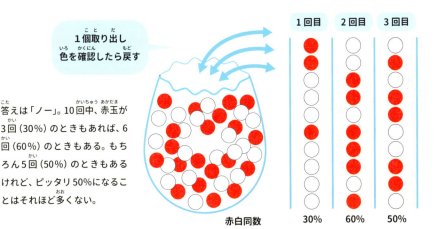

コンピューターで調べてみる

では、同じ条件の袋からデタラメに1000回玉を取り出して、その中の赤玉の割合を調べる実験を100回行おう。といっても袋から玉を1000回取り出すのは大変。そこでコンピューターの乱数を利用して実験してみた。これだけやっても50%になるのはまれで、数%の誤差が出ることもある。

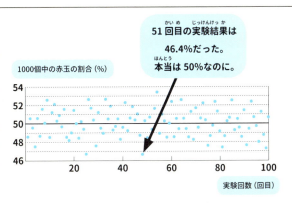

身のまわりのことと世の中がつながる！

クラスには、一人っ子の友だちが多い。これはボクの身のまわりだけのこと？

こんなときこそ、統計で調べるといい。自分の身のまわりだけのことなのかどうかが判断できるからだ。

下の図は、日本の人口構成をグラフで示したもので、20歳未満の数がその上の年齢に比べてかなり少ないことがわかるね。少子化だ。

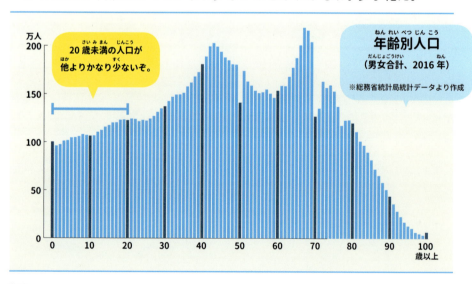

20歳未満の人口が他よりかなり少ないぞ。

年齢別人口
（男女合計、2016年）
※総務省統計局統計データより作成

さらに、2人以上の世帯における貯蓄額の実態を表す下のグラフを見ると、貯蓄が100万円未満の家庭が一番多いね。家族の人数が増えると必要なお金も増えるから、子育てが困難な家庭がたくさんある、ということがわかるね。これも、一人っ子が多い原因かもしれない。統計を見ることで、いろいろなことが見えてくるね。

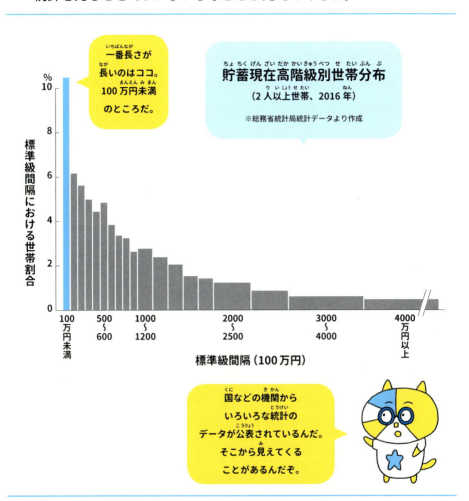

商売に成功する！

多くの人は仕事をして生きている。品物を売る、建物をつくる、工事をする……。例えば、商売をするときを考えてみよう。統計学は成功のための強力な道具になるんだ。

キミがもし、将来アイスクリーム屋さんになったら、何個のアイスクリームを仕入れたらいいかを判断しないといけない。まさか、1年中同じ量を仕入れることはしないはずだ。そんなことをしたら季節によって売れ残ったり、足りなかったりしちゃうよね。

このとき、役に立つのが去年のデータをもとにつくられた「1世帯

あたりのアイスクリーム月間支出額」のグラフ（左下の図）だ。このグラフをもとにアイスクリームの仕入れ量を決めれば、売れ残ったり足りなかったりすることは減るはずだ。

このデータのほかに、今までのデータから、気温とアイスクリームの販売数の「統計」があれば、もっとすごいことがわかる（下の図）。天気予報を活用して、明日の気温の予想をもとに、今日のうちにアイスクリームの仕入れ量を決めてしまえるからだ。

もちろん、アイスクリーム屋さんだけじゃない。いまや、統計を上手に使って商売をしないと、お店や会社はつぶれてしまう。だからこそ、統計の勉強が必要なんだ。

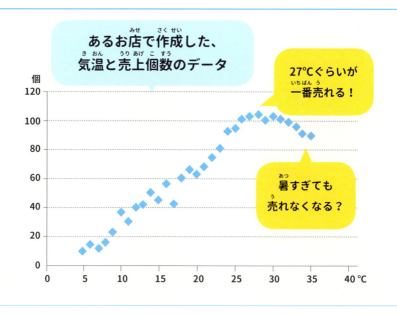

仕事ができる人になる！

ど の仕事にも統計学は欠かせない。「データを制するものが仕事を制する」という例をいくつか見ておこう。

ターゲットを絞る

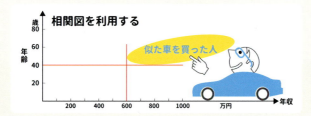

キミが自分の会社で開発した新しい車を売り出すとしよう。そのとき、同じような車種を買った人がどんな人なのかのデータがあると、この車は年収や年齢が高い人をターゲットにすればいいことがわかる。

効率よく宣伝する

もし、化粧品を売る仕事だとすると、商品を宣伝するチラシを送るのに、性別や年齢のデータがわかる顧客名簿は貴重だ。その商品が若い女性に売る化粧品の場合、高齢の男性に手紙を送ってもムダになるからだ。

売り上げアップを推測する

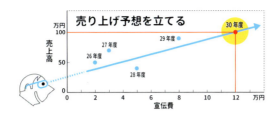

上のグラフはある営業マンが、過去4年間の宣伝費・売上額のデータをまとめたものだ。彼は、ある統計のテクニックを用いて「来年度の売上を100万円にするには、宣伝費を12万円にすべきだ」と部長に提案し、みごとに的中した。これも統計学のおかげである。

安全に工事をする

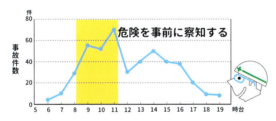

上のグラフは工事現場での1日の事故件数を調べた統計である。もし、現場監督が知っていれば、時間帯を考慮した安全指導ができ、事故の発生を前もって防げる可能性が高くなる。

このように、統計を上手に扱えるかどうかが成功の鍵となるのだ！

Part 1　統計を学ぶとどうなる？　017

エンジニアや博士は統計の達人だ！

最先端の技術を身につけたエンジニアや、名刺に「○○博士」と書かれた人は、カッコよく見えるね。じつは、その人たちの多くは、統計をうまく使いこなしているんだ。

エンジニアは多くの場合、いろいろなデータを見ながら仕事をしている。そして、それらのデータの中から「価値ある情報」を見つけ出し、問題を解決していく。その意味で、エンジニアはまさに統計の達人といえるんだ。

学者や博士は、自分の考えの正しさを他の人に受け入れてもらう必要があるけれど、その際、強力な道具となるのが統計だ。ただ「こう思います！」というだけでは誰も相手にしてくれない。「○○だからこうなのです」と「データで実証」してみせる必要があるんだ。

これは理科のような自然科学の世界だけではない。お金の流れの問題（経済学）や、人間の心の問題（心理学）を扱う場合にも、統計がよく使われている。論文を書くときだって、統計は欠かせないよ。

もっと知りたい！
賭け事はしないほうがいい？

　世の中には、賭け事がいっぱいある。競馬、パチンコ、カジノはもちろんのこと、宝くじ、ビンゴ、ロトなどのくじ（籤）も賭け事なんだ。このような賭け事の大原則は「損をするようにできている」ということだ。これは絶対に忘れてはいけない。そこで、損を最小限に止める方法を知っておくことが大事なんだ。その一つが賭け事の期待値を知ることだ。

　たとえば、全部で100本のくじがあり、当たりは12本、はずれは88本とする（右の図）。当たりの内訳は1000円が2本、100円が10本。このとき、このくじの賞金総額は、1000円×2＋100円×10＝3000円だ。1本当たりで考えると、総本数100で割った30円。これがくじを引いたときに「戻ってくるぞ！」と期待できる金額だ（「期待値」という。84ページで解説しているよ）。

　このことより、くじ代が1本30円より高かったら損をする。なぜなら、このくじが1本40円だとして、全部買い占めたら、支払うお金は4000円だけれど賞金総額は3000円

当たるかな〜？

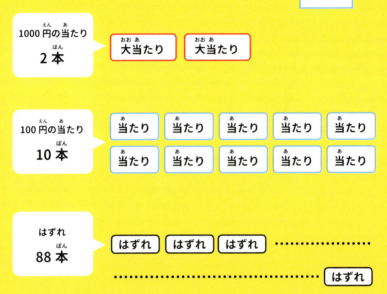

　だから、賞金をすべてもらっても1000円損することになるからだ。
　ところで、宝くじの当選は偶然に左右されるから、必勝法はない。けれども、競馬や競輪の当たりはずれは単なる偶然ではなく、事前の知識やテクニックが当たりはずれに影響する。このとき、どの馬が強いかを判断するには、統計が力を発揮する。
　といっても、大きな目で見れば大半の人が損をするんだ。なぜなら、レース場の施設費、はたらく人たちの人件費などのお金は、賭け事に参加する人のお金から支払われているからだ。

将来を予測できる！

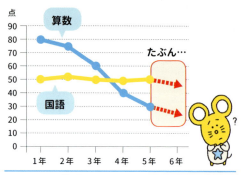

　右のグラフはチュータの小学校1年生から5年生までの算数と国語の成績だ。これを見ると、6年での成績がおおよそ予想できる。統計のすごいところは「過去のデータをもとに、将来を予測できる」ことなんだ。

　次のページ右上のグラフは、日本の食糧自給率を表したもので、年々、自給率が悪くなっていることがわかる。このままいくともっと悪くなると予測できる。右下のグラフは、将来、日本の人口構成がどうなるかを統計の専門家が現在と過去のデータをもとに予測したものだ。現在1億2000万人ぐらいの日本の人口が2060年には9000万人ぐらいにまで減る。年齢構成も今とずいぶん変化し、若い人がどんどん減っていくと予測しているね。

　この予測から、将来に対するいろいろなプランを立てることができるんだ。

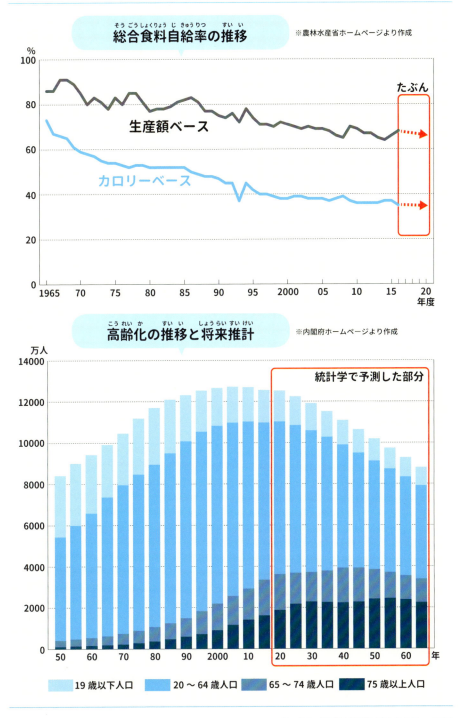

インチキを見抜く！

コインを使ったゲームをやらない？
表が出たらキミが110円、裏が出たらボクが100円をもらうというゲームだ。
このコインは表と裏が同じぐらいの度合いで出るよ。

表　裏

ゲームがはじまり、どうも裏が出やすいと思えたので、ミライネコは出たコインのメモをとってみた。

1回目 表　2回目 裏　3回目 表　4回目 裏　5回目 裏　……　表　………　60回目 裏

60回中、38回が裏だった！

ミライネコは「インチキなコインだ！」とピンときた。でもどうしたらチュータをこらしめることができるだろう？ここで活躍するのが、統計だ。

あやしいぞ！

まず、「チュータのいい分は正しい」としてみる。「このコインは表と裏が同じような確からしさ（度合い）で出る」ということだ。これを統計学では「仮説」という。この仮説のもとで、60回中38回裏が出ることは、珍しいことなのか、それほどでもないことなのかを考える、というのが統計の考え方だ。

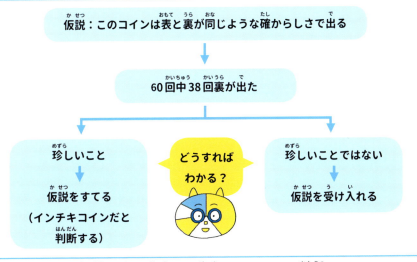

60回中38回裏が出る度合い（度合いのことを「確率」というよ）は、計算によって求めることができる。確率の計算で「珍しいことが起こった」とわかれば、チュータのインチキを見抜いてこらしめることができそうだね。

その方法は、100ページで紹介するからお楽しみに！

統計の極意は おみそ汁の味見？

料理で、おみそ汁の味見をするときのことを考えよう。おみそ汁をよくかき混ぜて、その一部をお玉ですくい、味見をするよね。このとき、お鍋の中のほんの一部の味で、お鍋全体の味を見抜いている。これが統計の極意なんだ。

テレビ局や新聞社は、このおみそ汁のテクニックを使って人々の考えを視聴者に教えてくれる。原理は簡単。ランダムに人を選び（たとえば1000人）、その中で、ある意見をもっている人の割合を調べる。ただ、「ランダムに選ぶ」ということは、じつは簡単ではない。

そういうことかー！

例えば、衆議院選挙などの国政選挙では、開票直後に「当選確実！」という速報が出る。これも、一部を開票しただけでぜんぶの開票結果をあらかじめ知ってしまう統計のテクニックである。なお、「当選確実」という言葉に気をつけよう。「確実」とはいっているけれど、たまに落選することもあるんだ。

一部から全体を知る

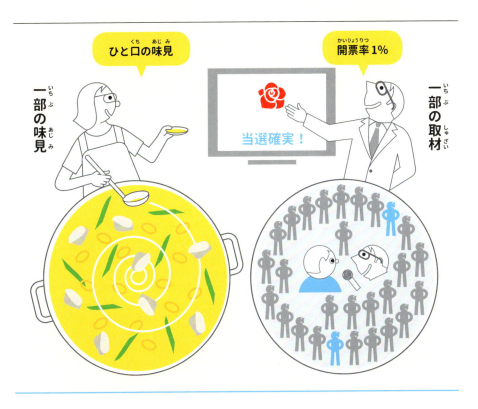

統計で大事なのは
「一部から全体を知る」という考え方だよ。
このとき一番大事なことは、
「全体をよくかき混ぜてから一部を取り出す」
ことなんだ。よく混ざっていないと、
その後の判断が間違いだらけになるぞ。

もっと知りたい！

国と統計の密接な関係

そもそも、統計学はいつごろから文明の中に現れたのだろう？一口に「統計学」といっても、その中身はじつにいろいろある。辞書を引いてみたけれどチュータにはさっぱりわからない。

広辞苑によると… 数量的比較を基礎として、多くの事実を統計的に観察し、処理する方法を研究する学問

そこで、ここでは統計学とは「いろいろなデータを整理したり、加工したりして、そこから意味ある事柄を導き出す学問」というぐらいにしておこう。すると、国と統計は切り離せないということがわかる。国を運営するためには、人口や国土の面積、収穫高のような統計が不可欠だからだ。紀元前の古代エジプトではピラミッドをつくるために、すでに統計調査が行われていた。古代ローマでは、人口や土地の調査も行われている。この調査をする役人はCensere（センシア）といい、今日の「人口センサス※」という言葉のもとになっているし、「統計」に対する英語の「statistics」はstate（国家）に由来している。

このように、昔から「統計」と「国家」は密接な関係にあった。国を治めるには徴税や兵役などのために、国の状態を正確に把握する必要性があったのだ。17世紀ごろには国勢調査を研究する学問として統計学が本格的にスタートした。

※人口センサス➡国の人口の調査のこと。センサスは「国勢調査」のことで、現在は人口以外にもさまざまなアンケートをとり、国の状況を統計的に調査している。

028

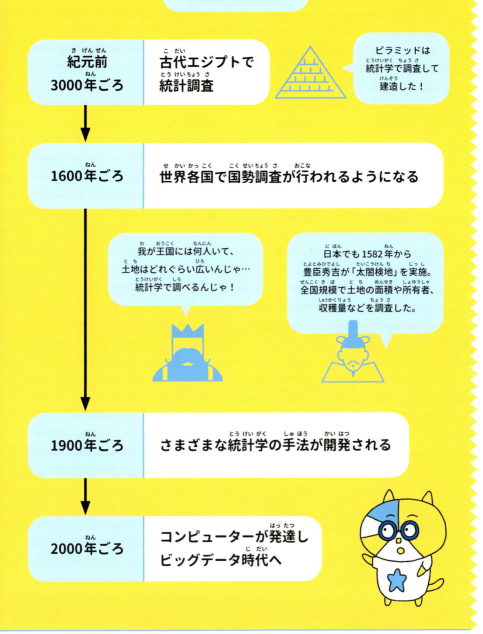

Part
2

データを
まとめてみよう

数の集まりだけでは
そこからなにかを読み取るのは
むずかしいよね。
Part 2 ではデータをまとめて
そこからデータの特徴を
読み取る方法をマスターするよ。

資料の整理を してみよう

47、42、40、29、67、52、
38、41、54、48、45、51、
39、53、65、44、42、41、
53、39、64、57、59、53、
32、56、35、42、41、31

左の資料は、チュータのクラス（30人）の国語のテストの成績だ。数字が並んでいるだけで、これを見ていても何もわからないよね。

点数の区間	30人分の試験の点数	人数
0点以上10点以下		0
11点以上20点以下		0
21点以上30点以下	29	1
31点以上40点以下	40、38、39、39、32、35、31	7
41点以上50点以下	47、42、41、48、45、44、42、41、42、41	10
51点以上60点以下	52、54、51、53、53、57、59、53、56	9
61点以上70点以下	67、65、64	3
71点以上80点以下		0
81点以上90点以下		0
91点以上100点以下		0

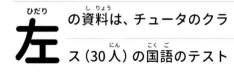

どこに入れるか調べて書く

そこで、上のように資料を整理してみよう。まず、点数（0点から100点）を、10点ごとに10個の区間（階級という）に分け、30人の得点がどの区間に入るかを調べて書き入れる。さらにその右に、各区間

に点数が何個あるか（「度数」という）を書き入れる。こうしてできた

前のページの表をもとにできるのが下の「度数分布表」という表だ。

データの区間を
「階級」という

データの
個数を
「度数」
という

階級	度数
0 〜 10	0
11 〜 20	0
21 〜 30	1
31 〜 40	7
41 〜 50	10
51 〜 60	9
61 〜 70	3
71 〜 80	0
81 〜 90	0
91 〜 100	0
合計	30

度数分布表

たった30人分でも、もとの資料から手作業でこの表をつくるのは大変。データが多くなったらさらに大変。でも、そんなときはコンピューターを使えば、煩わしい手作業はしなくてすむ。統計と一緒にコンピューターも使いこなせるようになろう。

「分布」とはどの区間にどのくらいデータの量があるかということ

この度数分布表をつくるといろいろなことが見えてくる。たとえ

ば、41 〜 50点の真ん中あたりの得点が一番多いこと、最高の得点が

61〜70点の3人であること（71点以上がいないということは、問題

がむずかしかった？）など、最初の資料ではわからなかったクラスの

国語のテストの傾向がわかりそうだね。

もっと知りたい！

データと資料は同じ意味？

　新しい勉強をはじめると、その世界で使われる言葉（専門用語）と出会うことになる。統計は日常の生活にも密着しているので、勉強をはじめた最初の段階では、統計の専門用語と日常用語が重なってしまう。そこでまず、言葉の意味を確認しておこう。

　前のページでは「資料」と「データ」という言葉が出てきた。何気なく使われている言葉だけど、どう違うのかな？

　「資料」という言葉の意味を「広辞苑」を調べてみた。すると、「もとになる材料。特に、研究・判断などの基礎となる材料」とある。

　統計で使う資料を手に入れるには、まず、なにを対象にしてなにを調べるかを決めてから調査をする必要がある。たとえばクラスの友だちを対象に、名前、性別、身長、体重、健康状態を調べるためのアンケートをとれば、その結果は右のような表でまとめることができるね。この表全体を「個票」という。この個票の1行分、つまり1人分の項目全体のことを「個体」といって、調査項目の中身のことを「変量（変数）」という。この変量の実際の値のことを「データ」と呼ぶんだ。

　データはさらに、大きく2種類に分類される。表の中で、身長や体重は130cmとか15kgなど、数字を使って数量で表すことができる。それに対して、性別と健康状態は、普通とか、男、女のように性質や状態で表されているね。数量で表すことができるものを「量的データ」、

性質や状態で表すものを「質的データ」というから、ここで知っておこう。

「データ」と「資料」は同じ意味で使われることも多い。いろいろむずかしい言葉を紹介したけれど、この本でも、あまり厳密には分けずに使っていくことにしよう。

Part 2 データをまとめてみよう 035

度数分布グラフを つくってみよう

度数分布表をグラフにすると、さらに資料の特徴が見えてくるぞ。度数分布表からグラフをつくるにはどうすればいいかな？

ここでは前のページの国語の成績に、クラスの算数の成績もあわせて考えてみよう。

まず、つくった度数分布表を反時計回りに90度回転させて横だおしにしてみよう（❶）。そうすると、度数が横に並ぶね。この上に目盛りを打って、度数の数を高さとする長方形を描いていくんだ（❷）。こうしてできたグラフを2つ並べて比較すると、2つの資料の違いがよくわかるね（❸）。

統計学ではこの度数分布グラフをたくさん使うから、ここで基本を押さえておこう。この度数分布グラフから確率分布グラフ（Part 3）へと発展し、確率の考えに基づいた現代の統計学につながっていくぞ。

円グラフ、折れ線グラフなどいろいろあるけれど**度数分布グラフが基本なのだー。**

❶ 度数分布表をつくる

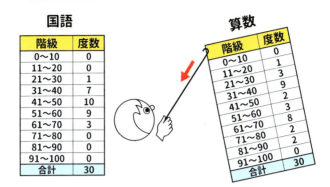

❷ 度数分布表を横だおしにしてグラフをつくる

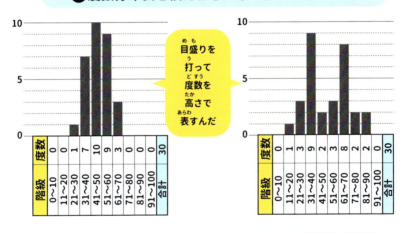

目盛りを打って度数を高さで表すんだ

❸ 2つを比較すると、得点分布がまるで違う！

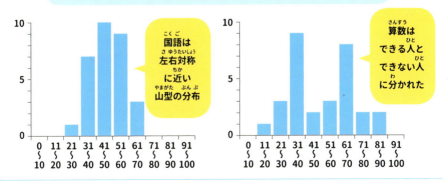

国語は左右対称に近い山型の分布

算数はできる人とできない人に分かれた

Part 2　データをまとめてみよう　037

いろいろなグラフを見てみよう

資料を整理し、それをグラフで表現すると、資料の特徴がひと目で見てわかるようになる。そのとき使われる代表的なグラフを見てみよう。

棒グラフ

月ごとの降水量や売上高などでよく使うグラフだよ。大小を比較するのに便利だ。

> 棒グラフは高さが意味を持つ

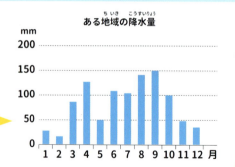

ヒストグラム

棒グラフの横のすき間をなくしたグラフ。このグラフで大事なのは、グラフの「面積」。連続した値をとるデータなどの変化が読み取りやすくなる。

> ヒストグラムは面積が意味をもつ

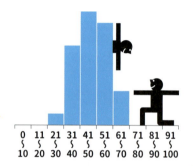

円グラフ

円の中に扇型を描いて、扇型の角度の開き具合でデータの量を表示するグラフ。これは日本人とイギリス人の血液型を表したものだけれど、「イギリス人はO型が多い」など内訳を比較するのに便利だね。

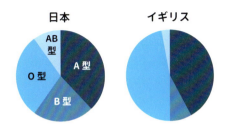

帯グラフ

帯を横に広げたようなイメージからこう呼ばれるグラフ。円グラフと同じように、並べてみるとデータの内訳が一目瞭然になるよ。

折れ線グラフ

横の軸が経過した時間になっていて、「時間がたつごとにデータがどのように変化したか」を見るのに便利なグラフだ。

時間の経過での変化が見やすい！

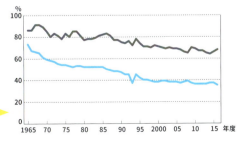

Part 2 データをまとめてみよう

平均値ってなんだ？

右の表は、クラス30人の身長のデータだ。この表を見ても身長の特徴がよくわからないので、「たった1つの数値」で表せないかと

```
116、115、104、106、113、121、121、
114、110、118、101、108、122、107、
117、 91、 86、106、114、115、120、
108、111、 99、 93、102、104、108、
102、 85
```

ボクの身長がクラスの身長の代表？

考えた。たとえば、「1人で代表させると、チュータの身長になる」というように。これを「代表値」といって、「平均値」、「中央値」、「最頻値」という3つが統計ではよく使われるぞ。まずは一番よく聞く「平均値」から考えていこう。

平均値（「ミーン」ともいう）は、データをすべて足したものを、データの数で割った数値だ。最初のクラス30人分の身長の平均値は、次のように求められる。

$$(116+115+104+ \cdots\cdots +108+102+85) \div 30 = 107.9 \,(\text{cm})$$

この107.9cmというのが、クラスの平均身長だね。この数値でクラスの身長を代表しているのだ。

平均値の求め方

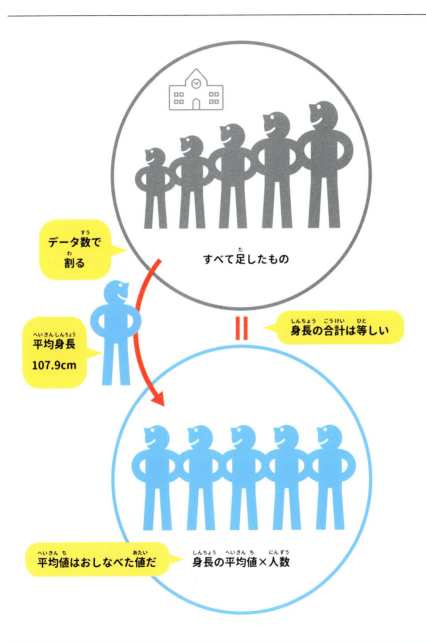

Part 2 データをまとめてみよう

中央値ってなんだ？

統計でよく使われる3つの代表値の2つ目は「中央値(「メジアン」ともいう)」だ。

まず、データを小さい順 (大きい順でもよい) に並べてみよう。

> 85、86、91、93、99……118、120、121、121、122

データが小さい順に整列したときの、ちょうど真ん中の数値が中央値だよ。でも、30人分の身長を実際に並べてみるとわかるけれど、ちょうど真ん中は15番目と16番目の身長のところになり、2人になってしまうんだ (もし29人だったら15番目が真ん中で決定する)。

この場合は、その2人のデータの平均値を中央値にするよ。今回の場合は2人とも108なので、(108 + 108) ÷ 2で108cmが中央値だ。

> データの数が偶数だと真ん中が2つになっちゃうから、その平均をとるんだね。

中央値の求め方

最頻値ってなんだ？

統計でよく使われる3つの代表値の最後は「最頻値（モードともいう）」だ。

まずは30人分の身長データをもとに、32ページでやった度数分布表をつくる。80cm以上〜90cm未満、90cm以上〜100cm未満、……と10cmごとの階級に分けて、それぞれの度数を入れていこう。

右の表で、階級と度数の間に入っているのは「階級値」という値で、階級の真ん中の値のことだ。

そして、度数分布表の中で一番人数が多い階級がどこかを探してみよう。100cm以上〜110cm未満の階級だね。その階級の階級値である105cmが、30人分の身長の最頻値だよ。

3つの代表値がどんなものかわかったかな？
46ページで実際に使ってみるよ！

最頻値の求め方

度数分布表

階級の真ん中の値

階級	階級値	度数
80 以上 〜 90 未満	85	2
90 以上 〜 100 未満	95	3
100 以上 〜 110 未満	**105**	12
110 以上 〜 120 未満	115	10
120 以上 〜 130 未満	125	3
合計		30

度数が一番多い階級の階級値が最頻値

Part 2 データをまとめてみよう　045

3つの代表値はどう使うの？

チュータはお母さんから、「クラスの友だちと同じくらいのお小遣いをあげる」といわれた。金額の交渉をするのに、どの代表値を使うのが一番ふさわしいか考えてみよう。

まず、チュータはクラスの友だち10人に、もらっているお小遣いについて聞いてみた。このデータをもとに、代表値の特徴を見ていこう。

平均値

まずは平均値だ。すべての金額を足して人数（10人）で割ってみよう。すると、平均は460円になった。

友だち10人のお小遣いのデータ
200円、300円、200円、300円、2000円、
300円、400円、200円、400円、300円

（あれ？思ってたより多いかも？でも…）
クラスの友だちは460円ももらってる！
じゃあボクのお小遣いも……

こらこら！だまそうとしてもダメだぞ！
平均値は極端な値に引っ張られやすいから注意が必要なんだ。

データをよーく見てみよう。今回の場合、1人だけたくさんのお小遣いをもらっている子がいるね。

この子の金額（2000円）に引っ張られて、平均値が上がってしまったと考えられる。これでは、「みんなと同じくらい」というにはふさわしくないよね。

中央値

次は中央値だ。小さい順から並べて、真ん中を探してみよう。真ん中は5番目と6番目だから……

200円、200円、200円、300円、300円、300円、300円、400円、400円、2000円

600 ÷ 2 = 300円

真ん中は300円だ。
この金額ならOKなのかな？

平均値では、とても大きい数や逆に小さすぎる数があると、値がそれに引っ張られて前後してしまう。中央値を使えば、極端な値に左右されることなく、真ん中の値を知ることができるんだ。

最頻値

最後に最頻値を見てみよう。一番人数が多い金額はどれかな？　一番多いところを探す最頻値も、中央値と同じように極端な値に左右されにくい値だよ。

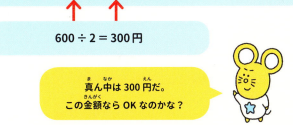

最頻値は300円

200円　300円　400円　2000円

代表値には、それぞれに特徴がある。そのときどきで必要な代表値を使えるようになろう！

みんなが一番もらっている金額も300円だ。
友だちと同じくらいといわれているから、
300円で交渉してみよう！

Part 2　データをまとめてみよう

もっと知りたい！

ヒストグラムの中で3つの代表値を探せ！

　平均値、中央値、最頻値の3つの代表値について説明してきたけれど、これを度数分布のヒストグラム（38ページ）といっしょに考えてみると、おもしろい関係が見えてくるんだ。ちょっとむずかしいけれど、3つの代表値がヒストグラムの中でどの位置にくるかを考えてみるよ。

　まず中央値から。データを大小の順に並べたとき、ちょうど真ん中にあるデータの値のことだったね。ヒストグラムの中で考えると、「グラフの左側と右側の面積が同じになるデータの値」になる。

　次に最頻値を考えてみよう。最頻値は度数分布表の中で、度数が一番多い階級のことだから、「グラフの高さが一番高いところのデータの値」だね。

　では平均値はどうだろう？　じつは平均値が、グラフの中で表すのが一番むずかしいぞ。なぜかというと「グラフの重心」と関係するからだ。重心というのは「図形を1点で支えたときに、図形が傾かず、地面と平行になる点」のこと。ヒストグラムのちょうど重心にあたる点が、平均値の位置なんだ。

　ヒストグラムが左右対称の山型の場合は、3つの代表値はほぼ同じ値になり、ヒストグラムにおける位置もほぼ同じになるよ。そうでない場合は、位置関係がいろいろと変わってくる。これを知っておくと、ヒストグラムを見れば代表値まで見えてくるようになるぞ。

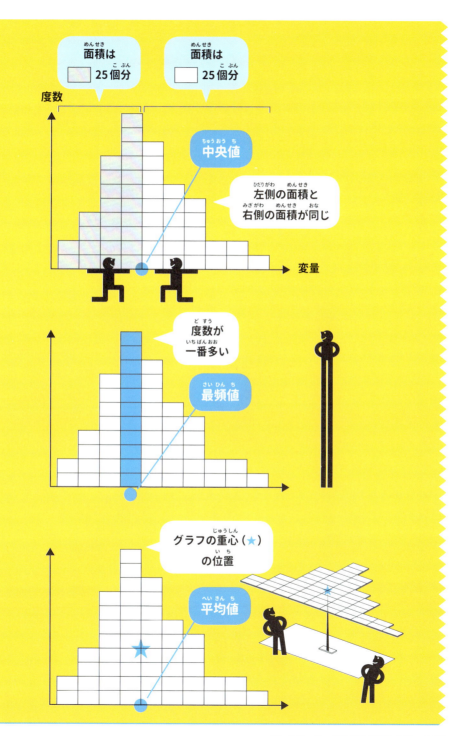

Part 2 データをまとめてみよう

「バラツキ具合」を表すには？

下の図を見てみよう。この左右に分けられた5人ずつのグループは、平均身長を出してみると同じになる。でも、見ればわかるけど、身長の「バラツキ具合」がまったく違うよね。

身長の平均は等しいが、バラツキは左右のグループで明らかに違うよね。

平均身長
103cm

この違いは、平均値を見ただけではわからない。平均値はとても優秀な代表値だけど、データのバラツキまでは表現できないよ。

そこで統計では、資料のバラツキの度合いを別の数値で表すんだ。

このバラツキの度合いを表す数値を「散布度」といって、「範囲」、「分散」、「標準偏差」などがある。1つ1つ説明していこう。

平均値では
バラツキは
表せないんだねー。

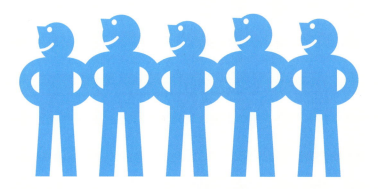

平均身長
103cm

バラツキを1つの数値で表す

バラツキを1つの数値で表す方法を考えてみよう。1つ目は「範囲」だ。

これは単純で、データの最大値から最小値を引いたものだ。

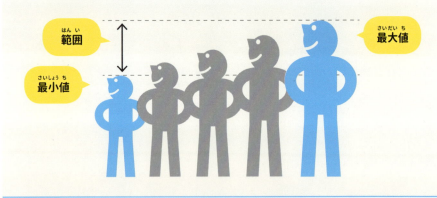

範囲＝データの最大値－データの最小値

範囲が大きいほど、データのバラツキは大きいといえそうだね。

2つ目は「偏差」だ。各データから、データの平均値を引いたもので、1つ1つのデータが平均値からどのくらいズレているかを表す値なんだ。次の表で考えてみよう。

名　前	身長 (cm)	偏　差
海野クジラ	115	115−103=12
森山イズミ	100	100−103=−3
原田スミレ	95	95−103=−8
河原キャンプ	120	120−103=17
山川カヤック	85	85−103=−18
平　均	103	0

偏差＝データの値−データの平均値

データの数だけ偏差の数があることになるね。これを見ていけば、たとえば海野くんは偏差が12だから、平均よりも12cm高いということがわかる。

でも、上の表で求めたすべての偏差を足してみると、12−3−8+17−18で0になるね。じつは偏差だけでは、バラツキを1つの数値で表せないんだ。そこで、次の計算をしてみる。

偏差×偏差

次のページに続くよー。

偏差を2回掛け合わせると、平均値からのズレの度合いが縮小、拡大される。しかもマイナスを2回掛けるとプラスになるので、偏差×偏差をぜんぶ足しても0にはならずにすむはずだ。前のページの表の偏差で計算してみると……

144＋9＋64＋289＋324＝830になる。

この足した値を「変動」といって、値が大きいほど、多くのデータが平均値からズレているということになる。ただし、変動には問題がある。データの数が同じなら比べられるけど、データの数が多くなると、その分変動の値がどんどん大きくなってしまい、比べられなくなってしまうんだ。

そこで3つ目の「分散」だ。分散は変動をデータ数で割ったものになる。前ページの表から分散を求めてみよう。

分散＝変動÷データ数

830÷5＝166となり、これが5人分の身長データの分散になるぞ。

つまり、分散は偏差を2回掛けた数値の平均値だ。

名　前	身長(cm)	偏　差	偏差×偏差
海野クジラ	115	12	12×12=144
森山イズミ	100	－3	(－3)×(－3)=9
原田スミレ	95	－8	(－8)×(－8)=64
河原キャンプ	120	17	17×17=289
山川カヤック	85	－18	(－18)×(－18)=324
平　均	103	0	**166**

分散

統計で一番大事なのは
「平均値」と「分散」なんだ。
分散が0の世界では、あらゆるデータが
同じになり、統計は無意味になる。
分散に0が出ないということは、
逆に、世界にはいろいろな人がいて、
みんな個性が違うということを
表してくれているんだね。

「標準偏差」で傾向が見える！

分散は散布度を表す最も重要な値だけれど、これをもうひと工夫することで、データの特徴がさらにわかりやすくなるんだ。というのも、分散は偏差を2回掛け合わせて求めた値だから、単位がもとのデータと違ってしまうよね。だから、分散の単位をもとに戻すことが必要で、それが「標準偏差」だ。実際にやってみよう。

53ページで求めた5人の身長の分散は166だったね。この単位はcmの単位のデータを2回掛けている値、つまりcm^2になっている。だから、

$$□cm × □cm = 166cm^2$$

この式の□を考えればいい。この□が標準偏差だよ。この計算は「同じ数を2回掛けて166になる」という意味だね。$12 × 12 = 144$、$13 × 13 = 169$だから、166の場合、□は12より大きくて13より小さい数だとわかる。

この□の値のことを$\sqrt{166}$と書き、ルート166と読むんだ。電卓の中

には「$\sqrt{}$」というボタンがついているものがあって、166と打ちこんでこのボタンを押すと、□の値を求めることができるよ。

$$\sqrt{166} = 12.884098\cdots$$

この12.884098…の意味は、「この5人の身長のバラツキ度は12.9cmくらいある」ということだ。他のグループの標準偏差も求めれば、グループ同士のバラツキ具合が比べられるよ。

分散とグラフの中の標準偏差

デ　ータの散らばり具合を表す分散と標準偏差を、グラフで見てみよう。分散（標準偏差）が大きいということは、度数分布グラフの左右の広がりの幅が大きくなるんだ。

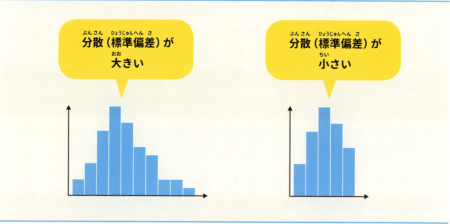

さらに、度数分布グラフの中で標準偏差がどう表されるかを考えてみる。ここではわかりやすいように、左右対称の山型の度数分布グラフ（「正規分布グラフ」という）で考えてみよう。

このグラフの中の平均値は、グラフの中心になるね。さらに標準偏差の値をsとしたとき、中心から左右にs離れた範囲を考えてみよう。

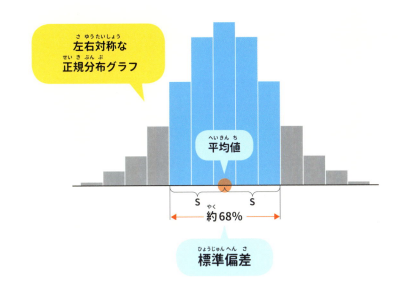

すると、左右対称の度数分布グラフの場合、全体のデータ数（度数）の約68％がこの範囲に入っていることを意味するのだ。

つまり、1000人の度数分布の場合、平均値を中心として左右に標準偏差s離れた範囲の中に約700人弱のデータが入っていることになるのだ。標準偏差を見たら、度数分布グラフといっしょにイメージできると、データのバラツキをつかみやすいね。

分散、標準偏差が統計学の基本になるぞ！よーく理解しておこう。

Part 2　データをまとめてみよう　059

> もっと知りたい！

偏差値が大好きな先生の話

　チュータの担任の先生は「偏差値大好き人間」だ。先日も、「このクラスの算数のテストを返します。点数だけでなく偏差値もつけておいたから参考にしなさい」というんだ。

| 偏差値って？ | 偏差値 ＝ $\dfrac{得点 － 平均点}{標準偏差} \times 10 + 50$ |

　「偏差値」って受験で聞くけど、上のような式で計算されるんだ。偏差値は個々のテストの平均点や点数の散らばり具合に左右されず、偏差値が80だと「天才」、70だと「秀才」、60だと「上位者」、50だと「ふつう」……のように評価されている。
　でも、偏差値が効力を発揮するのは、得点のデータがたくさんあって、しかも、その得点分布が左右対称な山型の分布グラフ（正規分布グラフ）のときのこと。このとき、得点を偏差値に置き換えると、グラフに描かれているように、偏差値が80なら上位0.1％であることがわかるのだ。これはすごいことだ。
　では、チュータのクラス30人だけのテストの点数のデータだったらどうだろう？　30人の得点データが正規分布をしてないと、偏差値の意味はあまりない。それに、たったの30人では、偏差値が80だから上位0.1％だといわれても、30人のうち0.1％というのはあまり意

味がないよね。

偏差値が大好きな先生には、「先生、30人のデータで偏差値をとっても、意味がありません」といってあげればいいのだ。

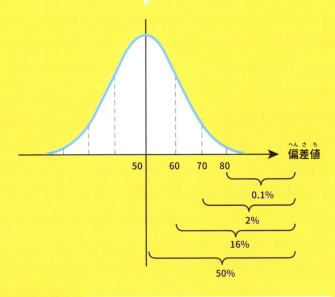

もとの得点分布が正規分布であるとき、
偏差値は次のようになる。
偏差値80以上は上位0.1%以内
偏差値70以上は上位2%以内
偏差値60以上は上位16%以内

もとの得点分布が上のような正規分布でないと、偏差値を見ても何%に入るのかを判断することはできないんだ。

2つの資料の関係を見よう

2つの資料をじぃ〜っと見ていても、お互いの関係はよくわからない。しかし、これをグラフで表すとその関係が見えてくるからおもしろい。ここでは身長と体重という2つの資料のまとめ方を考えてみよう。

まず❶のように、海野クジラ君の身長115㎝、体重43.5kgを縦軸を体重、横軸を身長にしたグラフに点として描いてみる。同じようにして5人全員の身長・体重の位置をすべて取ったのが、❷だ。これを「相関図（または散布図）」というんだ。

この相関図から「身長が増えれば、体重も増える傾向がある」とわかる。身長と体重のように、一方が増えればもう一方も増える関係を「正の相関」があるといい、逆に一方が増えるともう一方が減るときには「負の相関」があるという。また、はっきりした特徴があるとはいえないときは「相関はない」というんだ。

❶ 2つの資料（身長・体重）を1つのグラフに表す

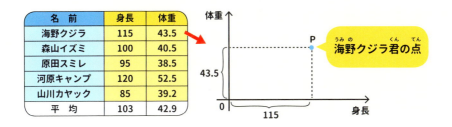

❷ すべての点を描いたものが、「相関図」

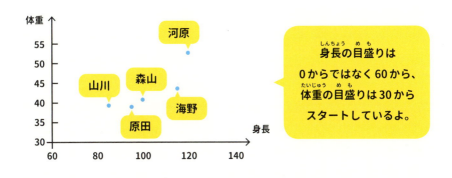

身長の目盛りは0からではなく60から、体重の目盛りは30からスタートしているよ。

❸ 相関図の点の位置から関係を読み取る

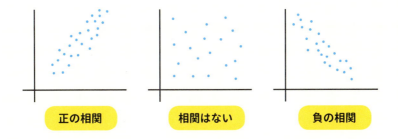

2つの資料を1つの数字で見る

相関図は、見ているだけで「2つの資料の関係」がわかってきて、とてもおもしろい。でも、グラフを並べて「正の相関がすごいよ」、「いや、こっちのほうが正の相関がすごいよ」といっても、ケンカになるだけ。そこで、どの程度の相関なのかを1つの数値で表現したものが、「相関係数」だ。

右の図を見よう。相関係数をrとすると、rは−1以上、1以下の値になる。rが1に近い（図の上のほう）ほど「正の相関が高い」ことを表し、rが0に近づく（図の真ん中のほう）ほど「相関は低い」、さらにrが−1に近づくほど「負の相関が高い」ということになる。

この相関係数の計算はちょっとむずかしいのでここではやらないけれど、これを使えば1つの数字で表せるので、相関の度合いを他の人に伝えることができるから便利だぞ。

ここまでくればデータのまとめ方はばっちりだよ。

相関係数とは？

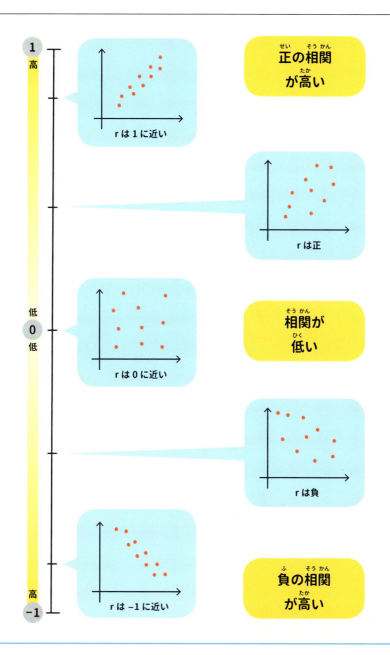

Part 3

確率ってなんだ？

「確率」ってよく聞くけれど、
統計学ではとーっても大事。
確率の考えを使って、
データからさまざまな
発見ができるんだ！
Part 3 ではその基本を学ぶよ。

確率ってなあに？

確率という言葉は、よく聞くんじゃないかな？「このミッションに成功する確率は○％」なんてドラマや漫画にでてくるよね。確率は、じつは統計学の土台といってもいいものだ。まずは、確率がどんなものなのかから説明していこう。

ここに1枚のコインがある。コインを投げたとき、表が出るのか、裏が出るのかは、「どちらの可能性もほぼ半々」だろう。このコインの表・裏のように、偶然によって結果が決まるような場合、その起こりやすさの度合いを数値で表したものを「確率」というんだ。

068

2つの確率

確率には、「実際にやってみた確率＝統計的確率」と、「アタマの中で考えた確率＝数学的確率」の2つの確率があるんだ。まずは、この2つの確率について知っておこう。

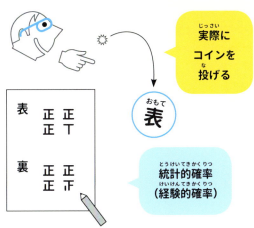

やってみた
確率

コインをデタラメに100回投げたとしよう。そのうち表の出た回数が52回であれば、投げた回数に対する表の出た割合は

$$\frac{52}{100} = 0.52$$

となるね。このように、「出た割合」で示したものを「相対度数」というよ。

この相対度数は、「コインを投げる回数をドンドン増やしていけば、ある一定の値に限りなく近づく」という性質があるんだ（この性質を「相対度数の安定性」という）。このとき、相対度数が近づいていく一定の値のことを、このコインの表の出る「統計的確率」（または経験的確率）というぞ。

右のグラフは、チュータとミライネコが実際に10円硬貨を1000回投げて、相対度数の変化を折線グラフで表したものだよ。どちらのグラフも、コインの表の出る相対度数は0.5前後の値に近づいていくことがわかるね。

統計的確率

アタマの中で考えた確率

10 円硬貨を実際に何回も投げると、表の出る確率（統計的確率）は0.5に近づいていく。69ページでは、確率にはもう1つ、「数学的確率」があると説明したね。この数学的確率とは、実際に行わずに算数や数学を使ってアタマの中で考えた確率のことなんだ。

コインを実際には投げずに、表の出る割合を「アタマの中」だけで考えてみよう。表も裏もまったく同じようにつくられたコインは、表が出る場合も、裏が出る場合も「同じように確からしく起こる」はず。

コインの出方（起こり方）を考えると、表と裏の2通り。そのうち表は1通り。そこで、$\frac{1通り}{2通り} = \frac{1}{2}$ をこのコインの表の出る確率と考えることにするぞ。

実際に10円硬貨を投げて、表が出る統計的確率はほぼ0.5。また、表が出ることも裏が出ることも「同じように確からしい」とした数学的確率も0.5。10円硬貨の表と裏の出方は、統計的確率と数学的確率がほぼ同じになるよ。

例 どの面も同じように確からしく出るサイコロの3の倍数の目 {3、6} が出る数学的確率を求めてみよう。

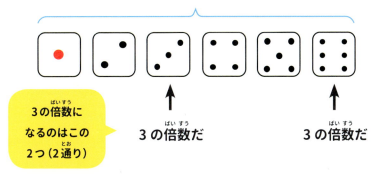

このとき、サイコロを振って得られる全体の目の出方は {1,2,3,4,5,6} の6通りある。このうち、3の倍数の目の出方は {3,6} の2通り。

求める確率は

$$\frac{2}{6} = \frac{1}{3}$$

となる。

全体の起こり方がN通りで、それらはすべて同じように確からしく起こるものとし、その中で事柄Aの起こり方がr通りであれば、$\frac{r}{N}$ が事柄Aの数学的確率なんだ。

確率の値は 0 から 1

前のページでミライネコが、確率の値は $\frac{r}{N}$ がもとになっているといったね。統計的確率の場合でいうと、「N回実験し、着目した事柄がr回起こる」としたときの相対度数が $\frac{r}{N}$ であるということで、これは数学的確率の場合も同じだよ。いずれの場合もrの値は最小で0、最大でNだから $\frac{r}{N}$ は $\frac{0}{N}=0$ と $\frac{N}{N}=1$ の間、つまり「0以上で、1以下」となり、マイナスにはならないぞ。式で書くと、

$$0 \leqq 確率 \leqq 1$$ （a≦bはbがa以上という意味になる）

このことをサイコロで確認しよう。1個のサイコロを振って出る目に着目すると、目の出方は全部で6通りある。ここで、サイコロを振って{1、2、3、4、5、6}のどれかの目が出る確率を考えてみよう。出る目はぜんぶで6通りだから

$$\frac{6}{6}=1$$

つまり、1より大きな確率はない。

もし仮に、サイコロで7の目が出る場合を考えようとしても、7の目は出ないから、確率は $\frac{0}{6}=0$ 。つまり、これ以上小さい確率はない。

ボクがお母さんに怒られる確率は−1だ！

なんだか自信満々だけど、怒られない可能性のほうが高いってこと？
確率は0〜1の数で表されるから、確率がマイナスになることはないんだよー。

天気予報では「明日晴れの確率は40％」っていうよ。
40は1より大きいけれどなんで？

気持ちはわかる！
確率はふつう0以上1以下の小数で表すんだけれど、小数を100倍して百分率（％）で表すこともあるのだ。
百分率40％は小数で表すと0.4ということだね。
確率の計算は％ではなく、小数で行うんだよ。

Part 3　確率ってなんだ？　075

確率を
グラフにしよう①

資料は、度数分布グラフで表すとその特徴がよく見えるんだったね。ここで「相対度数分布グラフ」を活用すると、さらに確率がよく見えてくるんだ。なぜなら、事柄Aの相対度数と確率はそれぞれ、

$$相対度数 = \frac{事柄Aの度数}{全体の度数} 、 確率 = \frac{事柄Aの場合の数}{全体の場合の数}$$

だからだ。

度数分布表から相対度数分布表をつくるのはむずかしくないね。それぞれの階級の度数を総度数（データの総数）で割るだけでいい。

度数分布表をもとに相対度数分布グラフを描くと、右のグラフのようになる。度数分布のグラフと違い、縦の目盛りが1以下になることに注意しよう。データがたくさんあれば相対度数分布のグラフの縦の目盛りは、もとの資料からデタラメにデータをとり出したとき、そのデータがそれぞれの階級に入る確率を表していると考えられるんだ。

相対度数分布グラフ

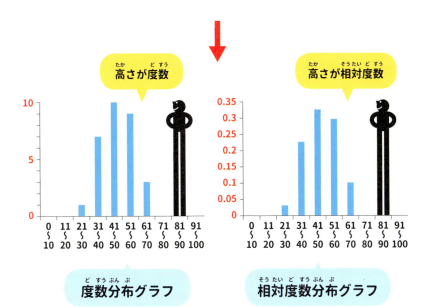

確率をグラフにしよう②

相対度数分布グラフの各棒の幅を広げて、隣同士をくっつけて「ヒストグラム」をつくってみる。ヒストグラムのよいところは、データがどんな値をとりやすいかをグラフの面積で表せることだ。

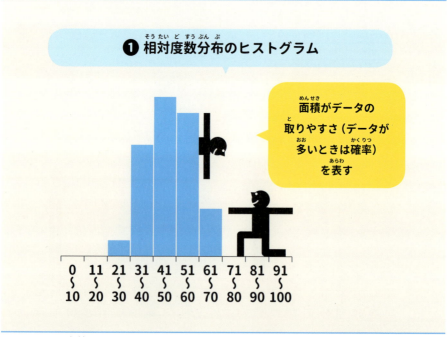

❶ 相対度数分布のヒストグラム

面積がデータの取りやすさ（データが多いときは確率）を表す

これを確率につなげるために、さらに加工してみることにする。

相対度数分布のヒストグラム（❶）の高さを横幅に合わせて調整し（圧縮、拡大）、グラフ全体の面積が1になるようにする。すると、データがある範囲の値（たとえば、41以上50以下）をとる確率は、その区間のグラフの面積となる。このグラフは「確率分布ヒストグラム」と呼ばれるぞ（❷）。

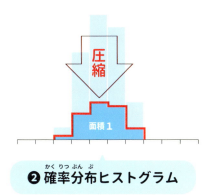

❷ 確率分布ヒストグラム

　次に確率分布ヒストグラムの各長方形を折線で結んでみる。すると、もとのヒストグラム全体の面積は1なので、この折線と横線で囲まれた図形の面積も1となる。これが「確率分布折線グラフ」（❸）。

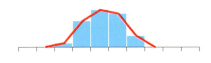

❸ 確率分布折れ線グラフ

　ここでもし、データが日本人全員の身長や体重などであればその数は膨大で、値もいろいろ。そのため、階級の幅をドンドン狭めて確率分布のグラフをつくると、折線はドンドンある曲線に近づいていく。この曲線は「確率分布曲線」とよばれる（❹）。

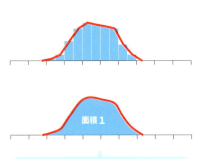

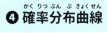

❹ 確率分布曲線

確率分布ヒストグラム、確率分布折線グラフ、確率分布曲線などの確率分布が統計の土台となるんだ。覚えておこう！

Part 3　確率ってなんだ？　079

もっと知りたい！

確率分布いろいろ

ここではいろいろな確率分布を紹介しておこう。

1個のサイコロを投げて出た目の数をxとしたとき、xは変化する量で、その変量xの確率分布表と確率分布グラフは次のようになる。どの目も出る確率は同じで、このような分布は「一様分布」とよばれる。

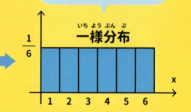

なお、このxはサイコロの出た目によって値が変化するから「変数」という。しかも、単なる変数ではなく、そのとる値の確率が決まっている（上の確率分布表）。一般にこのような変数x（そのとる値の確率も決まる変数x）は「確率変数」とよばれているんだ。

1個のサイコロを10回投げたとき、1の目が出た回数をxとすると、確率変数xの確率分布表と確率分布グラフは次のようになる（81ページ）。なぜこのような確率になるかは、ちょっとむずかしい。計算の仕方は右下のコラムの中で説明しているよ。

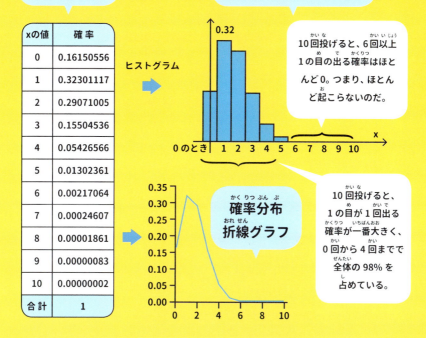

サイコロやコインの確率計算

1回の実験（試行）である事柄Aが起こる確率をpとする。この実験をn回行うとき、そのうち事柄Aがr回起こる確率は次の計算で求められる。

$$\frac{n\times(n-1)\times(n-2)\times\cdots\times(n-r+1)}{r\times(r-1)\times(r-2)\times\cdots\times 3\times 2\times 1} \times \underbrace{p\times\cdots\times p}_{r\text{個のかけ算}} \times \underbrace{(1-p)\times\cdots\times(1-p)}_{n-r\text{個のかけ算}}$$

たとえば、サイコロを10回振ったとき1の目が3回出る確率は

$$\frac{10\times 9\times 8}{3\times 2\times 1}\times\frac{1}{6}\times\frac{1}{6}\times\frac{1}{6}\times\frac{5}{6}\times\frac{5}{6}\times\frac{5}{6}\times\frac{5}{6}\times\frac{5}{6}\times\frac{5}{6}\times\frac{5}{6}=0.155\cdots$$

となる。この計算は、高校で学ぶ内容だよ!!

Part 3　確率ってなんだ？　081

1枚のコインを投げて表が出たらx＝0、裏が出たらx＝1としたとき、確率変数xの確率分布表と確率分布グラフは次のようになる。なぜ、表を0、裏を1に直したのだろうか。それは右下図のように、表、裏のままではヒストグラムで長さを表せず、面積の考え方に結びつかないからだ。そこで確率変数という考え方が必要になってくるんだ。

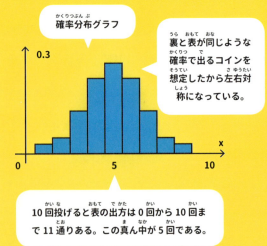

1枚のコインを10回投げたときの表が出た回数をxとする。このとき、確率変数xの確率分布表と確率分布グラフは次のようになる。ここでも、なぜこのような確率になるかは81ページコラムの計算方法で求める。

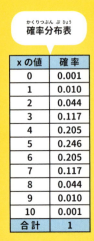

xの値	確率
0	0.001
1	0.010
2	0.044
3	0.117
4	0.205
5	0.246
6	0.205
7	0.117
8	0.044
9	0.010
10	0.001
合計	1

裏と表が同じような確率で出るコインを想定したから左右対称になっている。

10回投げると表の出方は0回から10回まで11通りある。この真ん中が5回である。

下の図Aのように対称軸をもち、なだらかな山型の分布は「正規分布」とよばれ、統計学では最も重要な分布だよ。正規分布に近い分布は身のまわりにも多い。図Bはそれぞれ2014年の日本の17歳男子の身長と体重の確率分布のグラフ。大きな目で見ればともに正規分布に近い分布といえるね。

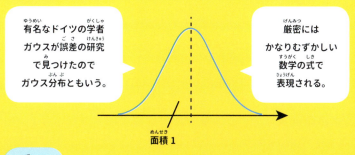

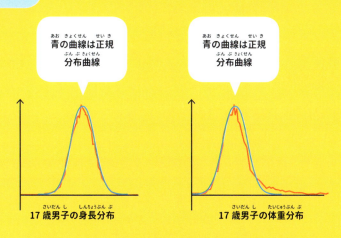

出典／平成26年度 学校保健統計調査（文部科学省）より作成

期待値って？

Part 1の20ページのコラムで、「期待値」という言葉を紹介したね。ここまで読んだキミに、確率の考え方を入れながらもう1回説明しよう。

ぜんぶで100本のくじがあり、大当たりの1000円が2本、当たりの100円が10本、はずれが88本だったね。このときの賞金額をxとすると、xは確率変数で、この確率分布表は下のようになる。

賞金	本数
1000	2
100	10
0	88
計	100

Xの値	1000	100	0
確率	$\frac{2}{100}$	$\frac{10}{100}$	$\frac{88}{100}$

（Xの確率分布表）

つまり、確率変数xは100回中2回の割合で1000となり、100回中10回の割合で100となり、また100回中88回の割合で0となる。ここで確率変数xが平均してとる値を次の式で求めるんだ。

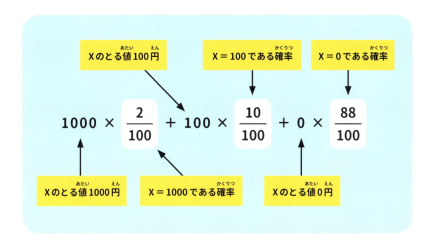

これを計算してみると、30になる。この数が「期待値」、または「平均値」だ。

期待値は、このくじを1本引くと、平均して30円当たると期待できるということを意味する（実際に30円が当たるわけではない）よ。この期待値を使うと、このくじが1本40円だったら買わないけれど、20円だったら買った方がいいかもしれない、といった判断ができるぞ。

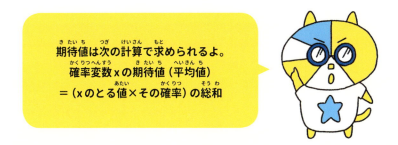

期待値は次の計算で求められるよ。
確率変数xの期待値（平均値）
＝（xのとる値×その確率）の総和

もっと知りたい！

古くて新しい
ベイズ統計

次のクイズを考えてみよう。
「4個の玉の入った袋から1個取り出したら赤玉であった。この経験をもとに、袋の中に赤玉が3個入っている確率を求めてみよう」
「赤玉が何個入っているか」さえ、わからない。むずかしそうだが、ここではイギリスの数学者、ベイズの考え方で解いてみよう。
袋の中は下の図の4つの可能性がある。問題は「赤玉3個」の確率だから、袋3である確率を考えればいい。

袋1　袋2　袋3（これになる確率を考える）　袋4

袋から玉を1個を取り出す場合は、ぜんぶで16通りの可能性が考えられる（右のページの表）。この中で、赤玉が取り出されるのは10通り。これらは同じような確率で起こり、そのうち、袋3から赤玉が取り出される場合の数は3通り。よって、求める答えは $\frac{3}{10}$。つまり、袋の中身が袋3になる確率は $\frac{3}{10}$。これがベイズの考え方だ。

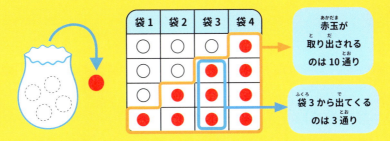

もし、1個を取り出したとき、赤ではなく白だったとしよう。すると、袋の中に赤玉が3個入っている確率は、下の表から $\frac{1}{10}$ と小さくなる。

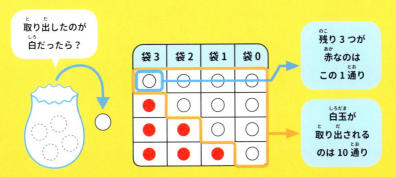

このように、取り出した玉が赤か白かというように経験によって原因（赤玉が3個入っている）の確率は変化するんだ。

ベイズ統計は、このベイズの確率の考え方を取り入れたもので、「経験をもとに原因を探ることができる」ので、とても用途が広い。

たとえば、電子メールにおける迷惑メールの仕分けだ。経験から「儲け」「すぐに」などの言葉が多用されているメールは「詐欺メール」の確率が高いと判断して迷惑メールに自動で振り分けるプログラムに使えるね。また、郵便番号の手書き文字の識別や、車の自動運転、人工知能への応用など、じつに幅広い分野で利用されているんだ。

Part 4

統計で世の中が見える

表やグラフをつくり、
確率の基本がわかったら、
ついに本格的な統計の活用だ。
わずかなデータから全体の姿を
見抜いて、複雑な世界を解き明かす
統計の手法にせまっていくよ。

わずかなデータで全体を見抜く

全体(「母集団」という)を知りたいときは、全部を調べる「全数調査」がベストではある。でも、日本人の身長や好みを調査するのに、日本人全員に調査する必要はあるのかな？ 全部調べることがむずかしかったり、無意味なこともある。

こんなとき、全体から一部のデータ(「標本」というよ)を取り出し、その取り出した標本をもとに、全体の性質を「推定」すると便利だ。これを「標本調査」というよ。そして、標本調査をするとき一番大事なことは、標本の取り出し方なんだ。

標本のどのデータも同じ確率で母集団から選び出す方法を、「ランダムサンプリング」という。ランダムは「デタラメに選ぶ」ということだったね(10ページ参照)。デタラメに選ぶだけなら簡単じゃないか、と思うかもしれないが、「いうは易く、行うは難し」で、ランダムサンプリングを行うにはポイントがあるんだ。

ランダムサンプリングとは？

もっと知りたい！

乱数を使ったランダムサンプリング

　試しに、日本に住んでいる人からランダムサンプリングで1000人選ぶ場合を考えてみる。その方法として、たとえば日本に住んでいる全員のカード（約1億2000万枚）をつくり、カードをよく切って、そこから1000枚選ぶなどが考えられる。しかし、これを実際に行うのはかなりむずかしい。

　こんなとき「乱数」がよく利用される。乱数とは、どの数字も偶然に等しい確率で出る数である。これを入手する方法として、たとえば、乱数サイコロがある。また、最近ではコンピューターの発生する乱数を利用することが多い。つまり、全体を構成するすべてのデータに「通し番号」をつけ、コンピューターがつくった乱数と一致した番号のデータを標本として採用するんだ。この原理を利用したものに、テレビ局や新聞社が行うRDD法（乱数番号法：Random Digit Dialing）があり、世論調査に使われているぞ。

標本の取り出し方は2通り

ラ ンダムサンプリングを使い、母集団（全体）から標本をいくつか取り出すとき、取り出し方には2通りあるぞ。

1つ目は、母集団から標本を1個取り出しては元に戻し、また1個取り出しては戻し……ということを繰り返す方法（復元抽出という）。

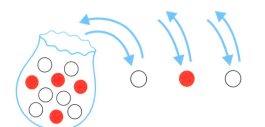

取り出したらすぐに元に戻す

2つ目は、母集団から標本を取り出したあと、元に戻さない方法（非復元抽出）。これは、同時に何個か取り出しても同じだ。

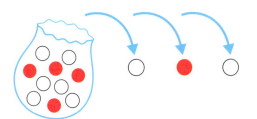

取り出したものは元に戻さない

2通りの取り出し方の違い

復元抽出と非復元抽出では確率が異なることを次の例で実感しよう。

袋の中に2個の白玉と1個の赤玉が入っている。この袋から2個の玉を取り出すとき、2個とも白玉である確率を求めてみよう。

復元抽出の場合

1回目が白である確率は $\frac{2}{3}$、玉を元に戻すから、袋の中の玉の数は変わらず、2回目も白である確率は $\frac{2}{3}$。よって2回とも白である確率は、これらを掛けて $\frac{4}{9}$ となる（確率を掛けることについてはPart 5で解説するよ）。

非復元抽出の場合

1回目が白である確率は $\frac{2}{3}$、玉を元に戻さないから袋の中の玉の数は1つ減るね。2回目が白である確率は $\frac{1}{2}$。よって2回とも白である確率はこれらを掛けて $\frac{1}{3}$ となる。

この問題を白2000個、赤1000個、計3000個とすると、2回とも白である確率は、ほぼ等しくなる。復元抽出と非復元抽出で確率が異なるけれど、データ数が大きくなると、2つの方法の確率はほぼ同じになる。統計の理論は基本的には復元抽出をもとに考えられている。ただ、データ数が大きければどちらの方法でもいいんだ。

もっと知りたい！

推定と検定とは？

　データを整理して、表にまとめたりグラフで表現すると、そこからいろいろな統計を見つけることができる。これがPart 2で紹介した統計の基本だ。この統計に、さらに、Part 3で紹介した確率の考え方をコラボすると、新たな統計が生まれてくるんだ。

　たとえば、内閣の支持率を知りたければ、日本に住んでいるすべての人に「支持か、不支持か」を聞けば確実。だけど、そんなことはムリだ。そこで、新聞社などは1000人ぐらいをランダムに選んでその中の支持率（統計）を求め、報道している。このとき、使われるのが「推定」という考え方だ。

　推定には点推定と区間推定がある。区間推定とは、たとえば、「内閣の支持率は0.51から0.52の間（区間）にある。ただし、この推定が正しい確率は0.95だよ」という推定だ。残念だが、この推定は少しむずかしいので本書では点推定のみを学ぶことにする。

　この推定に対して「検定」というのもある。検定というと「英検」とか「漢検」など、何かの試験を想像するかもしれないけど、これらは統計学でいう「検定」とはまったく違う。英検や漢検は、英語や漢字に対する能力をランクづけするものだ。統計の世界での「検定」は、ある事柄が正しいかどうかを統計資料をもとに確率を使って判定する、というものだ。たとえば、「この新薬は効き目が倍になった」という製薬会社の主張に対して、「効き目は変わらない」と統計と確率を使って科学的に反論することができるんだ。

Part 4　統計で世の中が見える　095

ちょっとキケンな
点推定

　日本の成人を対象に標本調査した結果、「内閣の支持率は50％」のように、未知の値（ここでは内閣支持率）を1つの数値（50％）として推定する方法を「点推定」という。これは多くの人がふだんからやっているけれど、じつは少し危険な推定だ。その危うさをシミュレーションで実感してみよう。

　右は、標本の大きさ（取り出したデータの個数）が100の場合（❶）、1000の場合（❷）、10000の場合（❸）での支持率の調査をまとめたグラフだ。図の中に書かれている「揺らぎ」とは、ランダムに取り出したことによる値の変動のことをいう。

　標本が大きくなるにしたがって、そこから点推定で求めた支持率は全体の支持率に近づいていくことがわかるね。テレビ局や新聞社の場合、標本の大きさを1000ぐらいにして点推定するので、報道された値と本当の値との間には実際は数％の誤差があってもおかしくないというわけだ。

この点推定に対して区間推定がある。この場合、推定がどのくらいの確率で正しいかもわかるんだ。

❶ 標本の大きさが100の場合

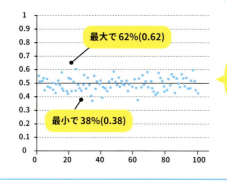

支持率が50%である母集団から100個のデータを取り出しては支持率を求めて点を打つ実験を合計100回行った。

❷ 標本の大きさが1000の場合

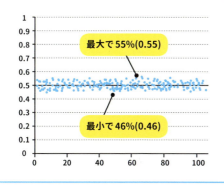

支持率が50%である母集団から1000個のデータを取り出しては支持率を求めて点を打つ実験を合計100回行った。

❸ 標本の大きさが10000の場合

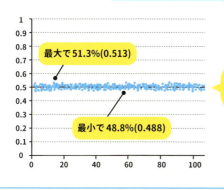

支持率が50%である母集団から10000個のデータを取り出しては支持率を求めて点を打つ実験を合計100回行った。

もっと知りたい！

新聞社で調査結果が違うのは

図書室で複数の新聞を見ていたチュータは、標本調査（調査対象1000人）による内閣支持率が新聞社によって違うことに気づいた。

A新聞社 58%

B新聞社 43%

　新聞によって15％も差があると、ランダムサンプリングによる「揺らぎ」の範囲とは思えないね。もしもチュータが、1つの新聞しか見ていなかったらこのことには気づけないよね。

　標本調査の大前提はランダムサンプリングだ。そのためによく使われるのが、コンピューターが発生するデタラメな電話番号に、電話をかけて調査をする方法（RDD法・92ページ）。でも、この方法だって完璧にデタラメではないんだ。たとえば、電話のない人や電話に出られない人の意見は聞けない。それに、現内閣に好意的と思われているA新聞社と、批判的と思われているB新聞社の場合、集められるデータに偏りが出る。

098

A新聞は内閣に好意的だからキライ。A社からの調査には答えないけど、B社には答えるぞ。

こういう人が多いとちゃんと調査できないよー。

　その結果、A新聞社による調査の結果はいつも内閣支持率が高く、B新聞社の場合は支持率が低くなる。この例からわかるように、正しく標本をとるのは極めてむずかしい。調査報告をそのまま鵜呑みにしてしまうのは危険かもしれないね。

　また、もっと危険な統計がある。それは何回も調査を繰り返し、その中で都合のいい統計だけを発表することだ。標本調査に揺らぎは当たり前だが、好ましい揺らぎだけを採用するのは統計とはいえない。ときには、調べもしないで適当な統計を発表して不正をはたらく者もいる。こうなったら、統計でもなんでもない。統計の名をかたったダマシといえるので、気をつけよう！

だんだん統計のカラクリがわかってきたぞー!!

コインゲームの インチキを見抜く

24ページでミライネコは、チュータから誘われたコインゲームのインチキを見抜いていたね。どうやって見破ったのか、ついにこのページで明らかにするぞ（ゲームの内容をもう1回見なおしておこう）。

どのようにすれば、チュータが使っているのはインチキなコインだと示すことができるだろうか。この説得に使うのが、95ページで説明した統計学の「検定」だ。

最初に「このコインの裏が出る確率は表と変わらない。つまり $\frac{1}{2}$ である」と仮説を立てる。ミライネコがこのコインを60回投げたときのデータをとったところ、38回が裏だったね。そこでこの仮説のもと（確率 $\frac{1}{2}$）なら、60回中裏が38回出る確率がどれくらいかを調べてみる。その確率は、わずか0.0123にすぎない。つまりこれは、「コインの裏が出る確率は $\frac{1}{2}$」という先ほどの仮説のもとでは、起こりにくいことが起きたことになる。そこでこの仮説を否定して、「このコインは裏が出やすい」と判定するのが、検定の考え方なんだ。

裏が出た回数	確率
20	0.0036
21	0.0069
22	0.0123
23	0.0203
24	0.0313
25	0.0450
26	0.0606
27	0.0763
28	0.0900
29	0.0993
30	0.1026
31	0.0993
32	0.0900
33	0.0763
34	0.0606
35	0.0450
36	0.0313
37	0.0203
38	0.0123
39	0.0069
40	0.0036
41	0.0018

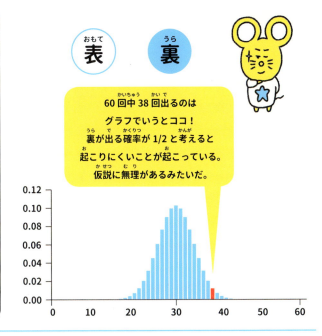

60回中38回出るのはグラフでいうとココ！裏が出る確率が1/2と考えると起こりにくいことが起こっている。仮説に無理があるみたいだ。

もっと知りたい！

判断ミスを犯す確率

　「起こりにくい」という基準としては、確率0.05とか0.01以下を採用することが多い。しかし、ここで注意しておこう。それは、「起こりにくい」だけであって、実際には起こることもあるということだ。たとえば0.05を採用した場合、0.05の確率で起こることが実際に起きただけなのに正しい前提を捨てる可能性があることである。つまり、判断ミスをしてしまうんだ。このとき、起こりにくいとした基準0.05は判断ミスを犯す確率であり、「危険率」とよばれている。このように統計的判断に確率がともなうのだ。

もっと知りたい！

バラバラより
一緒に分析する

　右のページの表は、ある会社の年度ごとの「宣伝費、営業マンの数、売上高」の3項目を調査した資料だ。このように複数の項目（変量）がある資料を「多変量からなる資料」といい、このような資料を検討し意味ある事柄を導き出す（分析する）ことを「多変量解析」というよ。

　その右にある3つの表は項目別に調査して得られた資料だが、このようにバラバラではたいした分析ができない。なぜなら、資料のもつ3項目（3変量）の関係が捨てられてしまうからだ。

　最初の資料のように、「宣伝費x、営業マンの数y、売上高z」の3つが同時に調査されたなら、バラバラに分析するより一緒に分析したほうが「x、y、zの関係」が見えてくるだろう。これが多変量解析の考え方だよ。

　多変量解析は分析の方法によって、回帰分析、主成分分析、因子分析、正準相関分析、判別分析などいろいろとある。たとえば回帰分析という解析方法を使って右ページの資料を分析すると、次の関係がわかる。

$$z = 1.25x + 15.75y + 1.75$$

　この式を用いると、宣伝費xと営業マンの数yをいろいろ変えたときの売上高zが予測できるようになる。

年度	宣伝費 x	営業マンの数 y	売上高 z
2013	2	3	50
2014	3	4	70
2015	5	2	40
2016	8	5	90

（単位：100万円）　　　　　　　（単位：人）　　　　　　　（単位：100万円）

年度	宣伝費 x
2013	2
2014	3
2015	5
2016	8

年度	営業マンの数 y
2013	3
2014	4
2015	2
2016	5

年度	売上高 z
2013	50
2014	70
2015	40
2016	90

2016 年度は
宣伝費が多い

2015 年度は
営業マンが少ない

2016 年度の
売上高は前の年の
2 倍以上だ！

　たとえば、2018 年は宣伝費 x と営業マンの数 y を両方 10 にしたとしよう。これを先ほどの式に当てはめると、売上高 z は z＝1.25×10＋15.75×10＋1.75 より、171.75 になると予測できるのである。
　このように、多変量からなる資料に対して多変量解析という道具を使うと、多変量間のいろいろな関係が見えてくるのだ。

Part 4　統計で世の中が見える　103

Part 5

統計センスを
みがこう

ここまで学んできた統計を使って、身のまわりで起きていることを考えてみよう。
統計のセンスをみがく自由研究も紹介する実践編だ！

お米をまいて円周率がわかる？

円が描かれた紙と米粒を用意しよう。
紙の上に、米粒をデタラメ（ランダム）にばらまくと……
円周率になるんだって！ やってみよう。

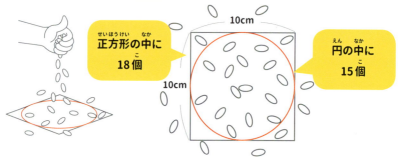

正方形の中に 18 個

円の中に 15 個

10cm

10cm

図は直径10㎝（半径5㎝）の円と、外側でこの円と接する正方形が描かれた紙の上に、米粒をデタラメにばらまいた実験の結果だ。正方形の中に18個、円の中に15個落ちたぞ。この実験から、円周率を求めることもできるんだ。

もし、図形の面積を2倍にしたら、そこに落ちる米粒もほぼ2倍になるはず。「ほぼ」というのは、デタラメに落とすからだ。つまり、図形の面積とそこに落ちた米粒の数は「ほぼ比例」の関係にある。だから、次の関係が成り立つぞ。

正方形の面積：円の面積 ≒ 正方形内の米粒の数：円内の米粒の数

ここで、記号「≒」は「ほぼ等しい」という意味だ。実験結果から、

100 ㎠ : (25 ×円周率) ㎠ ≒ 18 : 15

比例式では「内側の積と外側の積が等しい」から、

18 ×(25 ×円周率) ≒ 100 × 15　つまり　450 ×円周率 ≒ 1500

ここで両辺を450で割ると、円周率 ≒ 3.3333……となる。

円周率の正確な値は3.14159……だから、まあまあ正確だ。ただし、

今回のように米粒が少ないと、「揺らぎ」(94ページ)が大きくなり、

実験によっては円周率と大きくかけ離れた結果となるかもしれない。

コンピューターを使おう

本当は、もっとたくさんの米粒をまいたほうがいいね。そこで、コンピューターの乱数発生機能を使って仮想の米粒をデタラメに落としてみた。すると、円周率は100個の場合は約3.04となり、1000個の場合は約3.13となった。すごい発見だ！

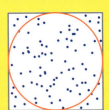

100個の場合

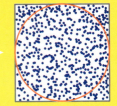

1000個の場合

もっと知りたい！

ランダムの不思議

　「米粒をランダムにまいて円周率を求める」というランダムの不思議な世界をもう1つ、体験してもらおう。

　平面上にランダムに点を打てば、当然、ランダムな模様が得られる（右ページ上の図）。このランダム模様をコピーし、同じものを2枚用意する。その1枚を回転させて、もう1枚に重ねると、スゴイ世界が現れるんだ。

　平面上にランダム模様を描くのは、意外にむずかしい。そこでたとえば、白い平面上に小さな黒ビーズ（100円ショップなどで売っている）をデタラメにまいて上から写真を撮ってみよう。この写真を薄い紙に2枚印刷する。その後、一方に回転を加えてもう一方に重ね合わせ、それを光にかざして見る。デジカメ、パソコン、そしてプリンターがあればできる。

　このやり方でもいいけれど、ここではもっと鮮明な模様を見るために、コンピューター（Excelという表計算ソフトを使った）でランダム模様を描き、プリンターで同じものを2枚印刷してみた。一方を少し回転して2枚を重ね合わせ、ライトにかざしてみると下の模様が現れた。渦巻きのような模様だね。実に美しいだろう。

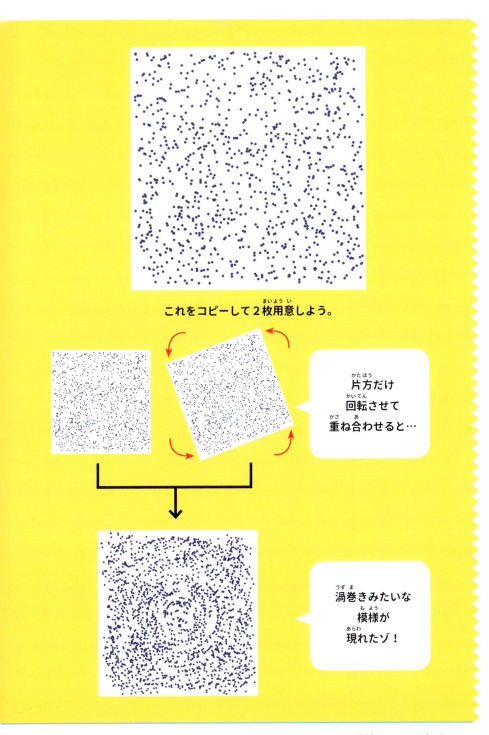

Part 5 統計センスをみがこう

コインで確率の自由研究 ①

10円硬貨を投げて、表が出る確率は $\frac{1}{2}$ かどうか実験してみよう！

10円硬貨としたところがポイントだ。10円硬貨など本物のコインは表と裏では模様が違うね。

表と裏で模様が違う

表

裏

これまで考えてきたコインは、数学的なモデルのコイン。表と裏が同じ形だと考えてきた。72ページでいった数学的確率をあてはめると、「表と裏が同じような確率で出て、コインが立つことがないとき、このコインの表が出る確率は $\frac{1}{2}$ である」。このコインは10円硬貨とは違う、頭の中でつくったモデルだよね。

ではこのモデルと、実際の10円硬貨を投げたときの確率に違いはあるのだろうか？ 10円硬貨を投げて表が出る確率はどうやって求め

ればいいのだろう？ それを確認するためには、実験するしかない。実際に10円硬貨を投げてみて、表が出た相対度数を調べて、統計的確率を出すんだ。できるだけいっぱい投げて、その結果を度数分布表にしてみよう。

チュータが1000回投げた例

回　数	結果	累積度数	表の相対度数
1	表	1	1/1=1
2	裏	1	1/2=0.5
3	表	2	2/3=0.666…
…	…	…	…　…
…	…	…	…　…
1000	裏	511	511/1000=0.511

ミライネコが1000回投げた例

回　数	結果	累積度数	表の相対度数
1	裏	0	0/1=0
2	裏	0	0/2=0
3	表	1	1/3=0.333…
…	…	…	…　…
…	…	…	…　…
1000	裏	485	485/1000=0.485

上の実験結果は2人が1000回ずつ投げた例だが、なんとなく0.5前後かなと思える。でも、まだハッキリとは見えてこない。もっと実験回数を増やし、その結果、0.5に近い値であることが見えてくれば、数学的に考えたコインのモデルは実際の10円硬貨によく合う、ということになる。

コインで確率の自由研究 ②

コインを投げたら表が出た。このことは、次にコインを投げるときの表、裏の出方に影響するだろうか。

チュータの疑問について、どう思う？確かめるために、実際に10円硬貨を投げてみよう。10円硬貨を何回も何十回も投げてみるんだ。やってみると、下のように表と裏が出たぞ。

1	2	3	4	5	6	・・・・・・・・・
表	裏	表	表	裏	裏	裏　表　裏　表　表　裏

この結果をもとに、次の場合の数を調べてみる。

❶ 表が出て、次に表が出る場合の数

2回

❷ 表が出て、次に裏が出る場合の数

4回

❸ 裏が出て、次に表が出る場合の数

❹ 裏が出て、次に裏が出る場合の数

この結果、もし、❶と❷がほぼ同じであれば、表が出たことは「次の表と裏の出方」には影響しない、と考えてよさそうだ。

同様に、❸と❹がほぼ同じであれば、裏が出たことは「次の表と裏の出方」には影響しない、と考えてよさそうだよね。

もし、❶と❷、そして❸と❹がだいぶ違っていれば、1回目の表と裏の出方が「2回目の表と裏の出方に影響を与えた」と考えられるのではないか。

10円硬貨を多数回投げる実験で表と裏の出方を確かめるんだ。

下の○と●がいっぱい描かれている図は、実際に10円硬貨を1000回投げて、表と裏の出方を調べてみたもの。表なら○、裏なら●で表している。また、左から右に横一列で表示し、50個表示したら次の行に表示することを繰り返している。

この実験結果をもとに、先の❶、❷、❸、❹の各場合を数えると次のようになった。

❶は250回、❷は252回、❸は245回、❹は252回（合計が999回なのは、1000回目の次がどうなるかわからないためだ）。

この結果を見ると、「いずれの場合もほぼ同数」とみていいのではないだろうか。したがって、表が出たことや裏が出たことは、次の出方に影響していないと考えてよさそうだね。

❶、❷、❸、❹が同数の 250 くらいとみなせるということは（表、表）、（表、裏）、（裏、表）、（裏、裏）と出る確率は $\frac{250}{1000} = \frac{1}{4}$ とみなせる、ということだよね。すると、たとえば（表、表）の順に出る確率 $\frac{1}{4}$ は、次のように表の確率と表の確率を掛ければよいと考えられる。

$$\frac{1}{4} = （1回目の表の確率）\times（2回目の表の確率）= \frac{1}{2} \times \frac{1}{2}$$

（表、裏）、（裏、表）、（裏、裏）と出る確率も同じだよ。

たとえば 10 円硬貨を投げて表裏を見る実験を 10 回繰り返したとき、10 回連続して表が出る確率は、

$$\frac{1}{2} \times \frac{1}{2} \times \frac{1}{2} \times \frac{1}{2} \times \frac{1}{2} \times \frac{1}{2} \times \frac{1}{2} \times \frac{1}{2} \times \frac{1}{2} \times \frac{1}{2} = 0.000976562\cdots\cdots$$

となる。この考え方は「前後で影響していないと思われる実験を繰り返したときの確率は、繰り返す前の確率を掛け合わせればよい」という考え方につながることになるんだ。

Part 5 統計センスをみがこう　115

コインで確率の自由研究③

じゃあ今度は、10円硬貨と100円硬貨、2枚を同時に投げたら、10円硬貨の表と裏の出方は、100円硬貨の表と裏の出方に影響するかな？さっそく実験だ！

図 では、100円硬貨を黒っぽく、10円硬貨を赤っぽくして区別しているよ。表と裏の出方は次の4通りなので、この2枚の硬貨を同時に何回も何回も投げてそれぞれの場合の数を調べてみることにしよう。

 黒っぽいのが100円硬貨　

赤っぽいのが10円硬貨　

もし、この実験で、たとえば、{表、表}が他よりも明らかに多く出れば、この2枚のコインは影響し合っていると考えられる。もし、これら4つの場合がほぼ同じであれば、一方の硬貨の表と裏の出方は「もう一方の出方に影響していない」と考えていいだろう。

実際に100円硬貨と10円硬貨を同時に100回投げて、それらの表と裏の場合の数を調べてみた。

さらに、2枚の硬貨を同時に1000回投げてみて、それらの表と裏の場合の数を調べてみたら次のようになった。

100回投げたときの結果

	10円表	10円裏
100円表	18	27
100円裏	22	33

1000回投げたときの結果

	10円表	10円裏
100円表	240	252
100円裏	255	253

1000回のほうではどの組み合わせもだいたい250回、つまり $\frac{1}{4}$ の確率になっている。

実験回数がまだまだ少ないので断言はできないけれど、揺らぎを考慮すると、「ほぼ同数」とみなしてよいだろう。つまり、「一方のコインの表と裏は、もう一方のコインの表と裏の出方に影響していない」と考えられる。

もっと知りたい！

人工知能と統計

　背後にある真実を大量のデータから推し量る——これは統計学の大きなテーマだ。それに関連して急速に発展してきたのが「人工知能」（AI※ともいう）だ。人工知能の意味はここでは「コンピューターによって人間のような賢い処理をする能力」としておこう。

　コンピューターを神様のように思っている人がいるけれど、これは単なる計算機にすぎない。ところが、このコンピューターの性能が飛躍的に向上し、計算スピードは恐ろしく速く、記憶容量もとても大きくなった。

　といっても、コンピューターを動かすには、人間がプログラムを書いてコンピューターに仕事の手順を教えてやらないといけない。でも、人間の判断をすべてプログラム化することはむずかしい。たとえば、わたしたちは花を見て「これは花」と簡単に判断できるけれど、コンピューターに画像を見せて花かどうかを判断させるのは大変なんだ。

　そこで、プログラムではなく、大量の「花」の画像データをコンピューターに与え、「花」と認識できたときは高得点をあげる、というご褒美を与えることにした。このような学習方法によって、今では「花」などの画像については、とても正確な判断ができるようになった

※ Artificial Intelligence の略。人工知能のこと。

んだ。その結果、信号機の状態や道路状況を瞬時に判断して公道を走る自動運転の車も現実になってきたんだ。

囲碁の世界では「AlphaGo（アルファ碁）」という、人工知能を搭載したコンピューターが世界の名人に勝てるようになった。また、将棋の世界でも、さまざまなソフトウェアがプロ棋士と互角以上に戦い、勝利を手にしている。碁や将棋の基本的なルールはプログラムとして人間から教わるが、その後は過去の対戦記録を大量に学習する。さらにはコンピューター同士が対戦するなどして、人間にはできない膨大な対戦経験をつんで強くなったんだ。この人工知能の発展にも、統計学は寄与しているんだ。

大量の囲碁情報

大量の花情報

次の手は…

「花」と「星」を判別

AIは大量のデータ（ビッグデータ）をもとにさまざまなことを学習し判断しているんだ。詳しくは『人工知能と友だちになれる？』を読んでみてね！

Part 5　統計センスをみがこう　119

表、表、表、次はどっち？

ここに1枚のコインがある。
3回続けて投げたら3回とも表だった。
このコイン、4回目は表と裏、
どちらが出やすいと思う？

コインは過去に影響されないから、
3回連続して表が出たとしても、
その次の4回目に表が出る確率、
裏が出る確率はともに $\frac{1}{2}$ だ

優 等生だ。数学的確率だね。でも、もう1つの考え方もできる。それが86ページで紹介したベイズ統計学の考え方だ。どんなものなのか、右のページでミライネコが解説しているよ。

ベイズ統計学の考え方

　3回も続けて表が出たというのだから、このコインは、もともと、表が出やすいと考えるのが普通ではないだろうか。

　たとえば、このコインは、外見は表と裏が同じ形をしているが、その中身は表が軽い材質で、裏は重い材質でできているかもしれない。すると、このコインを投げた場合、重いほう、つまり、裏が下になる可能性は高くなる。ベイズ統計学は、経験を大事にする統計学だ。この統計学ではコインの表の出る確率（一般に、ある事柄の起こる確率）は「経験によって変化する」という考え方をする。

　「世の中、起こりやすいことが起きている」のだから、「4回目には表になりやすい」と考えるのがベイズ統計学の考え方なんだ。

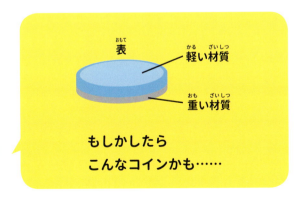

サイコロを振って自由研究

今度はサイコロを使ってみよう。サイコロを5回振って出た目を記録。その目の平均値を求める実験だよ。この実験を繰り返すと、おもしろいことが見えてくるぞ。

たとえば、3、4、1、6、2と出れば平均値は (3+4+1+6+2)÷5 = 3.2 だ。この実験を何回もすれば、たくさんの平均値を得られる。このとき、得られた平均値の分布はどんな分布になるだろうか。考える前に、まずは手を動かして実験してみよう。ちなみに、サイコロを振るときは、できる限りデタラメに振る必要がある。

5回振って出た目の平均値をまとめたのが右ページの左の表だよ。

5回の目の和は5から30までの値になるから、これを5で割って得られる平均値は1、1.2、1.4、……、5.8、6の26通りになる。実験結果をもとに5回の目の平均値の度数と相対度数分布表を作成すると、右ページの右の表のようになる。

100回分の実験結果

実験	1回目	2回目	3回目	4回目	5回目	合計	平均値
1	5	3	2	6	1	17	3.4
2	2	5	2	3	3	15	3.0
3	5	6	5	4	1	21	4.2
4	4	5	1	5	6	21	4.2
5	6	2	5	2	6	21	4.2
6	6	3	2	4	2	17	3.4
7	2	5	4	3	1	15	3.0
8	3	4	6	6	5	24	4.8
⋮	⋮	⋮	⋮	⋮	⋮	⋮	⋮
92	4	1	4	6	1	16	3.2
93	1	4	3	2	4	14	2.8
94	4	3	4	3	2	16	3.2
95	5	6	3	2	3	19	3.8
96	1	4	2	2	3	12	2.4
97	6	4	2	4	4	20	4.0
98	5	3	3	6	3	20	4.0
99	1	3	1	4	4	13	2.6
100	2	5	5	3	4	19	3.8

相対度数分布表

平均値	度数	相対度数
1	0	0.00
1.2	0	0.00
1.4	0	0.00
1.6	0	0.00
1.8	0	0.00
2	1	0.01
2.2	2	0.02
2.4	3	0.03
2.6	8	0.08
2.8	4	0.04
3	10	0.10
3.2	12	0.12
3.4	10	0.10
3.6	7	0.07
3.8	10	0.10
4	11	0.11
4.2	10	0.10
4.4	5	0.05
4.6	1	0.01
4.8	4	0.04
5	1	0.01
5.2	0	0.00
5.4	1	0.01
5.6	0	0.00
5.8	0	0.00
6	0	0.00

全部1が出たら平均値は1、全部6が出たら平均値は6だけれど、実験を100回やってみてもそういう極端なことはなかったみたいだね。

Part 5 統計センスをみがこう

123ページの表をもとに、相対度数分布のグラフを描いたのが下のグラフだ。サイコロの目の出る確率はどの目も $\frac{1}{6}$ で同じなのに、5回の目の平均値は一様ではなく、分布は山型の分布に近づくことがわかるね。

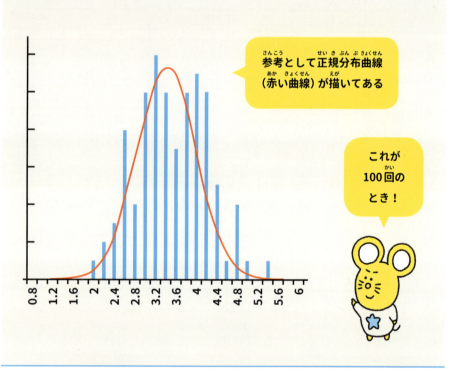

参考として正規分布曲線（赤い曲線）が描いてある

これが100回のとき！

今回の実験回数は100回だったが、1000回、10000回と実験回数を増やすため、コンピューター（Excelの乱数の機能）を使ってシミュレーションしてみたよ（右のグラフ）。実験回数を増やしていくと、平均値の分布は「正規分布曲線」に近づいていくことがわかる。

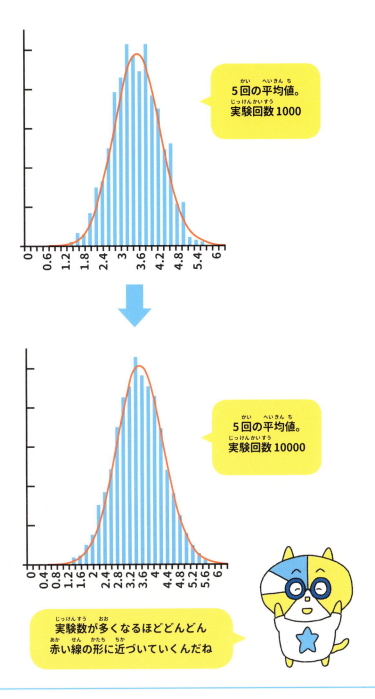

データがたくさんあると正規分布になるの？

データの確率分布（度数分布でもよい）は、下の図のような左右対称の山型の分布の場合には正規分布とよばれ、統計学の基本となる分布だ。

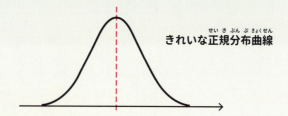

きれいな正規分布曲線

データが多ければ正規分布になるのかな？

いろんな人が
「データがたくさんあれば
必ず正規分布になる」
って言っているけど本当かな？

このチュータのいっていることが正しいかどうか見てみよう。

たとえば、「身長の分布はほぼ正規分布」とみなされている。この図は、2014年の日本の17歳の身長分布で、黒は男子（61万人）の、緑は女子（58万人）の身長分布だよ。それぞれの赤い曲線は正規分布曲線だ。

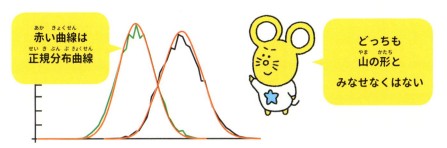

左は女子、右は男子の身長分布　（出典／平成26年度「学校保健統計調査」より作成）

ここで、男女のデータを合体すると、データ自体は大きくなる。でも、下のグラフを見ると、正規分布とはいえないようないびつな形になってしまうね。

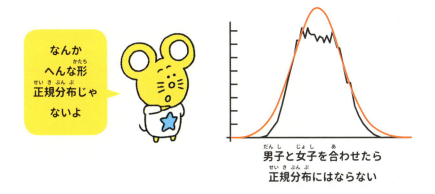

数学の得点分布

赤い曲線は
正規分布曲線

英語の得点分布

（平成28年度「東京都立高等学校入学者選抜学力検査結果に関する調査」報告書（東京都教育委員会）より作成）

もう1つの例を示そう。

上に示したのは成績に関するグラフ。上は2016年度の都立高校入学試験の数学の得点分布、下は英語の得点分布だ。受験生はともに約4万人とデータは多いが、いずれも正規分布とみなすには少々苦しい。

以上のことから、データ数が多くなったからといって、それが正規分布になる、と決めつけるのは少し危険なのだ。でも、統計学の世界では正規分布は大事にされる。その理由の1つに、元の分布がどんな分布でも、そこから取った標本の平均値の分布は正規分布になるというものがある。

124ページで示したように、1つのサイコロを5回振ったときの平均値の分布は正規分布だった。先ほどの男女合体した身長データを例に見てみよう。元はあんなにいびつな形をしていたデータだったけど、そこからランダムにとり出した100人の平均値をあつめて見てみると、もとの分布（母集団）がいびつな形をしていても、そこからとってきた標本の平均は、きれいな正規分布になる。これはすごく不思議だと思うよ。

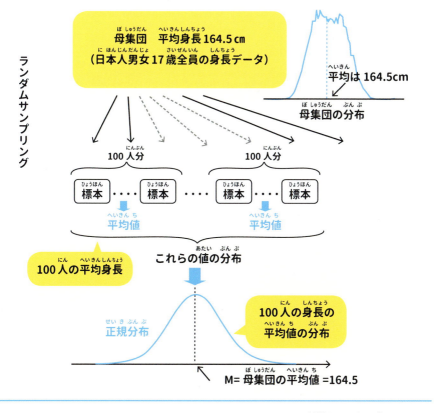

消しゴムでつくったサイコロの確率は？

文 房具屋さんで売っているサイコロは、どの目も同じように出るように工夫されている。だから、「どの目も同じような確率で出る」という算数・数学でのサイコロ（数学的確率）がよく合うんだ。

もし、直方体の消しゴムサイコロがあったら、どうだろう。縦、横、高さからそれぞれの面が出る確率を割り出すのは、とてもむずかしそうだ。だから、それにふさわしい算数・数学でのサイコロをつくることはむずかしいんだ。つまり、直方体の消しゴムサイコロの各目の出る確率は、今のところ実験で求めるしかないんだ。そこで、チュータとミライネコが実験したら右のページのようなデータを得た。

このことから、消しゴムサイコロの各目の出る確率は1と6の目についてはほぼ0であり、2と5の目についてはどちらもほぼ0.05であり、3と4の目についてはどちらもほぼ0.45ぐらいであることがわかる。もちろん誤差はある。

自分のもっている消しゴムで実験してみよう!!

立方体のサイコロは数学モデル

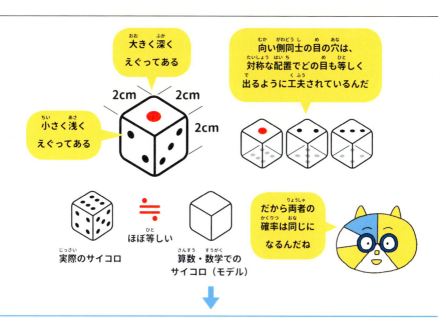

直方体のサイコロでは？

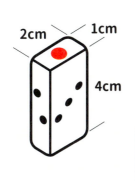

1000回投げたときのそれぞれの回数

回数	1の目累計度数	2の目累計度数	3の目累計度数	4の目累計度数	5の目累計度数	6の目累計度数
1	0	0	1	0	0	0
2	0	0	1	1	0	0
3	0	0	2	1	0	0
～	…	…	…	…	…	…
	…	…	…	…	…	…
1000	1	51	441	453	54	0
相対度数	0.001	0.051	0.441	0.453	0.054	0

Part 5　統計センスをみがこう

あみだくじで実験しよう

多数の人から誰かを選ばなければならないとき、よく使われるのが「あみだくじ」だ。あみだくじは、隣同士の縦線の間に横線を1本引くと、左右でたどる線が入れ代わる。ふつうは横線をたくさん、ランダムに書きこんで使うことになる。

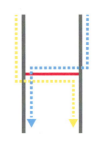

1本の横線で、左右の位置が変わるのが「あみだくじ」の原理だよ

このあみだくじの性質を見抜くために次の実験をしてみた。縦線を10本引き、横線をデタラメに10本引く。このとき、左から3番目（図の★印）が下の左から何番目に辿り着いたかをメモしておく。この実験を100回すると、★が下の①から⑩のどこに辿り着いたかの度数分布が得られる。この実験、実際には大変なので、コンピューターの発生する乱数を利用してシミュレーションしてみた。すると、選んだ箇所（ここでは、左から3番目）の真下付近に辿り着きやすいことがわか

左から3つ目（★印）がどこに行くかを考えてみる！

る。つまり、上と下がどこも公平に確率 $\frac{1}{10}$ ずつに対応しているわけではないのだ。

この結果から、あみだくじをする場合は、下の当たりの箇所を見せず、隠して選ぶべきだとわかる。これが公平なあみだくじの使い方なんだ。

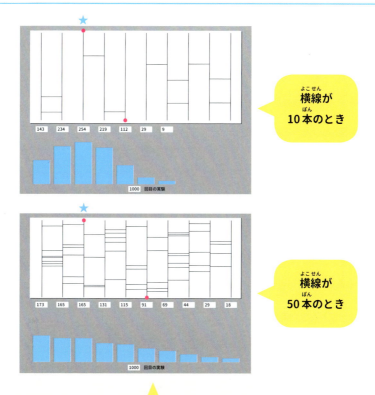

コンピューターの発生する乱数を用いて、デタラメに横線を引く実験を1000回行った。上は横線を10本、下は横線を50本引いた場合。横線が増えると、だんだんと平均化してくる。縦線1本に横線が1本や2本では足りないんだね。

人数が多いと
ジャンケンは大変!?

誰かを選ぶとき、あみだくじ以外では「ジャンケン」もよく使う方法だね。「すぐに決まるから便利」って、ホントかな？

まずは5人でジャンケンをしたらどうなるだろうか。そこで、5人から1人勝ち残るまで、何回ジャンケンが必要だったかを実験して数えてみよう。この実験を100回すれば何か見えてくるかもしれないぞ。ただし、このとき1つだけ守ってほしいことがある。それは、毎回、デタラメにグー、チョキ、パーを出してほしい、ということだ。

さて、この実験結果によると、5人の場合、平均すると4回から5回ぐらいのジャンケンを繰り返さなければならないことがわかる。もし、30人のクラスのように、ジャンケンの参加人数を増やしたらどうなるだろうか。そこで、コンピューターを使ってシミュレーションしてみたら、30人の場合、平均1万1000回かかることがわかった。これでは、1日かけても終わらない！ 参加人数が多くなったら、代表1人と残りがジャンケンをするなど、工夫する必要があるね。

ジャンケンのシミュレーション

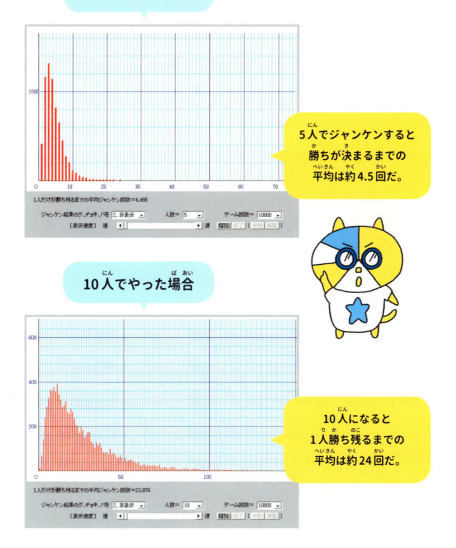

期待値を使って賢く選ぶ

2つの封筒にお金が入っていて、一方にはもう一方の2倍の金額が入っている。1つの封筒を選んで開けてみたら、1万円入っていた。

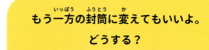

もう一方の封筒に変えてもいいよ。どうする？

選んだ封筒に1万円入っていたのだから、もう一方の封筒には2万円入っている！変えようかな？

でも、それは甘い考えだ。というのは、「一方にはもう一方の2倍」なので、もう片方の封筒には5000円しか入っていないかもしれないからだ。こんなときにも、統計学は役立つんだ。

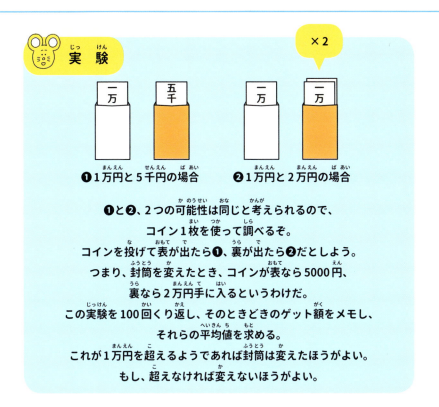

実験を終えたら、次に頭で考えてみよう。❶と❷の可能性は同じだと考えられるので、それぞれの場合の確率は $\frac{1}{2}$ だ。すると、封筒を変えた場合に、ゲットできる金額は期待値の考え方（84ページ）から次のようになる。

❶の起こる確率×5000円＋❷の起こる確率×20000円
＝0.5×5000円＋0.5×20000円＝12500円

これは、封筒を変えなかったときの10000円より大きい。よって、変えたほうがよい。この結論は実験した結果と同じはずだ。

カードを使って実験しよう

3枚のカードが伏せてある。そのうち1枚は当たりだ。チュータが1枚を選んだら、ミライネコが残り2枚のうち、はずれのカードを表にした（ミライネコはどれが当たりかを知っている）。そして、「きみは手元の1枚と、残った1枚を交換できるけど、どうする？」と聞いてきた。

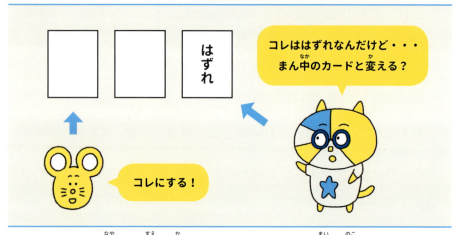

チュータは悩んだ末に変えないことにした。2枚が残ったのだから最初に選んだカードが当たる確率は$\frac{1}{2}$。だから、変える必要はないと考えた。さて、どうだろうか。次のページの実験をしてみよう。

実験

❶ 友だちに3枚のカード（1枚が当たり）を渡し、よく切ってから横1列に並べてもらう（友だちはどれが当たりかを知っている）。
❷ 自分が1枚のカードを選ぶ。
❸ 残り2枚のカードのうち、はずれのカードを友だちに表にしてもらう。
❹ 伏せてある2枚のカードを表にして、自分が最初に選んだカードが当たれば○、はずれれば×とする。
この❶～❹を100回くり返し、○の相対度数（○の数÷100）を求めてみよう。

この実験の結果、下の表のようになった。

○	32回
×	68回

相対度数（○の数÷100）を計算すると
$32 \div 100 = 0.32$
$\frac{1}{2} = 0.5$ より小さいことになる。
これは、なぜだろうか？

　この実験では、自分が引いたカードが当たる確率は $\frac{1}{3}$ で、残りの2枚のいずれかが当たる確率は $\frac{2}{3}$。その後、友だちがはずれカード1枚を表にした段階で、残る1枚のカードが当たりである確率は $\frac{2}{3}$。よって、最初に選んだカードは変えたほうがよかったんだ。

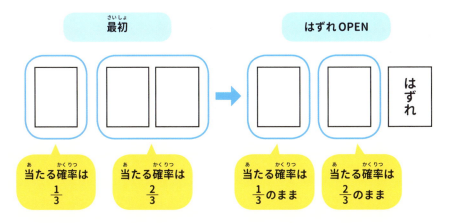

抽選を2回引いたら2倍当たる？

商店街で買い物すると、抽選機のくじが引けるよ。このくじを2回引きたいから、2倍の買い物をしたよ。これで当たる確率は2倍だね！

話を簡単にするために白玉（当たり）2個、黒玉（はずれ）3個の合計5個が入った抽選機を考える（出た玉は元に戻さない）。

まずはチュータが1回引いて当たる確率を求めてみよう。白玉と黒玉あわせて5個あって、そのうち当たりの白玉は2個だから、チュータが1回引いて当たる確率は $\frac{2}{5}$ だね。

では次にチュータが2回引いて当たる確率を求めてみよう。

2回引いた場合、全部で5×4＝20通りの玉の出方がある（次のページの表）。ここで、「2回引いて当たる」ということを「少なくとも1個は白玉が出る」と考えることにすれば、チュータが2回引いて当たる場合は14通りある。したがって、2回引いて当たる確率は $\frac{14}{20}$ となる。これは1回引いて当たる確率 $\frac{2}{5} = \frac{8}{20}$ の2倍の $\frac{16}{20}$ より小さい。

つまり、2回引いても当たる確率は2倍にならない……。ソンしたか

と思うかもしれないが、じつは大丈夫だ。

その理由を説明するために、84ページで紹介した期待値を計算し

てみる。当たれば1回につき1000円もらえるとしよう。

1回引いた場合の期待値は……　　　$1000 \times \frac{2}{5} + 0 \times \frac{3}{5} = 400$

2回引いた場合の期待値は……

$$2000 \times \frac{2}{20} + 1000 \times \frac{6}{20} + 1000 \times \frac{6}{20} + 0 \times \frac{6}{20} = 800$$

この計算からわかるように、期待される賞金額は2回引けば2倍に

なっている。決してソンはしていないのだ！

1回目＼2回目	○1	○2	●1	●2	●3
○1	(○1,○1)	(○1,○2)	(○1,●1)	(○1,●2)	(○1,●3)
○2	(○2,○1)	(○2,○2)	(○2,●1)	(○2,●2)	(○2,●3)
●1	(●1,○1)	(●1,○2)	(●1,●1)	(●1,●2)	(●1,●3)
●2	(●2,○1)	(●2,○2)	(●2,●1)	(●2,●2)	(●2,●3)
●3	(●3,○1)	(●3,○2)	(●3,●1)	(●3,●2)	(●3,●3)

抽選機では
同じ玉が2回出る
ことがないので、
グレーの5か所
の網掛け部分は
起こらない。

○1

この数字は、同じ
色の違う玉を区別する
ための数字だよ。

＼	1回目	2回目	確率
(1)	○	○	$\frac{2}{20}$
(2)	○	●	$\frac{6}{20}$
(3)	●	○	$\frac{6}{20}$
(4)	●	●	$\frac{6}{20}$

抽選機を
2回引いたときの
玉の出方と確率。

Part 5　統計センスをみがこう　141

もっと知りたい！

鉛筆転がし？
それとも先生のクセ？

　チュータは勉強が好きではないので、選択問題の試験のときには鉛筆を転がして解答をしている。どのくらいの確率で当たるのだろうか？

　話を簡単にするためにチュータの行動を2択問題で調べてみよう。たとえば、（イ）か（ロ）のどちらか1つを選ぶ問題である。選択肢が○か×の場合も2択問題といえる。

　ふつうの鉛筆は6面あるから、順に1、2、3、4、5、6と番号をつけておき、転がして偶数が出れば（イ）、奇数がでれば（ロ）とすれば2択問題に対応できる。

　2択問題の場合、鉛筆転がしでの正解・不正解の確率は五分五分。ということは、1問を10点とすると、鉛筆転がしで10点をとれる確率は0.5、0点をとる確率も0.5。そのため鉛筆転がしでは10×0.5＋0×0.5＝5となり1問答えると5点が期待できる。

　ということは、鉛筆を転がして10問に答えれば、5点の10倍で50点を期待できることになる。スゴイ話だ。運、不運を平均すれば50点ということである。やってみる価値は十分にあるだろう。

　ちなみに、3択問題では期待値は満点の100点に $\frac{1}{3}$ を掛けて約33点となる。4択なら $\frac{1}{4}$ を掛けて25点。5択問題なら $\frac{1}{5}$ を掛けて20点……以下同様だ。

もし、選択問題の正解に作成者である先生のクセ（偏り）が見られる場合は、鉛筆を転がすより、もっといい方法がある。

たとえば、チュータが過去に受けた試験（経験）から、先生がつくる問題は（ロ）よりも（イ）のほうが正解が多いとわかった場合だ。この場合は、鉛筆を転がすよりも全問（イ）と答えたほうがよい。「過去のデータをもとに次を予測する」こともれっきとした統計なのだ。もちろん、このとき、鉛筆を転がして答えたほうが点数がいいときもある。しかし、何回もこの試験を受けたとすれば全問（イ）と答えたほうが、鉛筆転がしよりも得点が高いときが多いのである。

過去200問分の試験結果正解数

（イ）	115
（ロ）	85

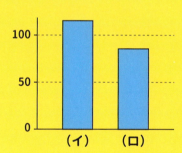

（イ）のほうが当たりそうだ

ちゃんと勉強するのが一番！
でも、過去のデータをあつめて
判断するのも1つの方法だ。

Part 5　統計センスをみがこう　143

もっと知りたい！

ビッグデータと統計学

　最近、「ビッグデータの活用」とよくいわれるね。このビッグデータと統計学とは、どういう関係にあるのだろうか。

　そもそも、ビッグデータとはなんだろうか。たとえば、インターネット上では、写真や音声、動画、メール、SNSの投稿情報、天気や道路の混み具合といったセンサー情報など、さまざまなデータが時々刻々変化し、蓄積されている。これらの情報量はITが普及する前の社会に比べると桁違いの大きさだ。このような多種多様で膨大な情報がビッグデータなのだ。

　ビッグデータは何に使われるのだろうか。たとえば、ビッグデータの１つに、日々の買い物の際に発行されるレシートがある。日本全国のレシートのデータを統計学を使って整理すると、商品に関するさまざまな情報が見えてくる。これは、商売の強力な助っ人となる。もちろん、レシート情報に限らない。他のビッグデータも宝の山なんだ。

　また、ビッグデータによって人工知能はますます賢いものに成長していく。つまり、ビッグデータは人工知能にとって魅力的な栄養源なんだ。

　しかし、使われ方に問題もある。たとえば、電車やバスに乗るときや買い物をするときに多くの人が利用しているICカードを考えてみよう。お財布からお金をいちいち出すよりも非常に便利なカードだけ

れど、多くの人がこのカードを使うことにより膨大な量の移動情報や購入履歴などがデータを管理する企業などに蓄積されている。そのカードには利用者の名前や性別、住所などの個人情報が入っているので、個人の行動が監視・把握され、プライバシーが危険になる可能性がある。今後、どんな社会になっていくのか、心配な面もあるね。

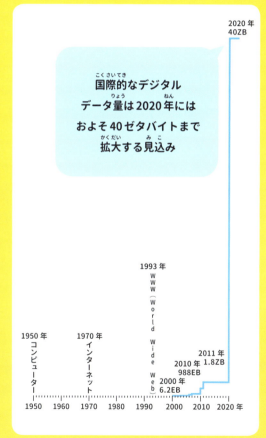

国際的なデジタルデータ量は2020年にはおよそ40ゼタバイトまで拡大する見込み

1ZB（ゼタバイト）は10億TB（テラバイト）！すごい情報量だよね。ボクたちは昔の人とは比べものにならないほど膨大な情報に囲まれているんだよ。

※総務省「ICTコトづくり検討会議」報告書より作成

Part 5　統計センスをみがこう　145

全部調べれば必ず正しい？

標本調査とは、母集団から取り出した一部だけを調べて母集団を推定する方法だ。全部調べてはいないから、ピタリと正しいわけはない。では、「全部を調べたら正しい」といえるだろうか。

たとえば、国勢調査は国民全員を調査対象にする調査だ。その結果、調査時点での国民の数が「1億2709万4745人」のように、1の位まで発表される。でも、下1桁まで正確に数えることは無理だよね。というのは、国民全員が数えられるのをじっと待っているわけではないし、1分につき2人ぐらい死亡したり生まれたりしているからだ。だから、調査結果は約1億2709万人などと発表するべきだと思う。

国勢調査であっても
1の位まで
正しいかどうかは
わからないよ。

2007年に「全国一斉学力テスト」が導入された。その目的の1つは児童・生徒全員に試験をして「学力の実態を知ろう」とすることにあったのだが、その後、どうなったか。各学校では「学力テスト」用の補習をする、過去の問題集を解かせるなど、試験対策を始めたのだ。これでは「学力の実態を把握する」ことにはならない。

なぜこうなったのかというと、調査結果を発表してしまったためだといわれている。発表される以上、各校、各県は良い結果を残そうと頑張る。その結果、初期の目的は達せられない。「全員」のデータを集めれば正しい結果（実態）が得られるわけではないようだ。

へえー

統計をとって発表することで実態がつかめなくなってしまうこともあるのだ！

人気商品の売り上げが辿る運命は…？

いつの時代にも爆発的に売れる商品が現れる。そこで、ここでは、売れた商品の多くが辿る運命を統計的に見てみることにする。

不思議なことに、生物の繁殖、服飾品の流行の広がり度合い、おもちゃの売行きなどは同じような曲線を辿って変化することが多い。

その曲線の1つに、下のようなロジスティック曲線がある。これは成長曲線とよばれる曲線の1つで、最初はゆっくり成長するが、次第に加速度を増して成長期を迎える。しかし、一定の時期を過ぎるとその成長は止まり安定期に入る。

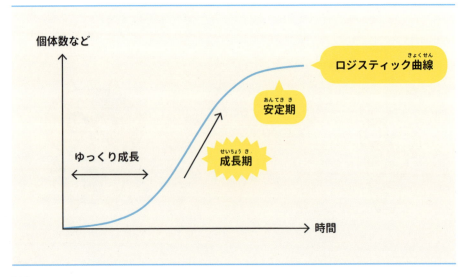

次のグラフは普通車の保有台数や、携帯電話の契約数の推移だが、ほぼロジスティック曲線に合致していることがわかる。

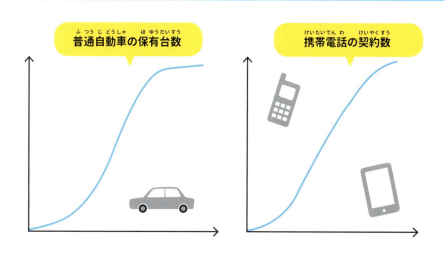

なお、商品が行きわたった後は、多くの場合、次のような下降曲線を辿る。これも成長曲線の一種である。

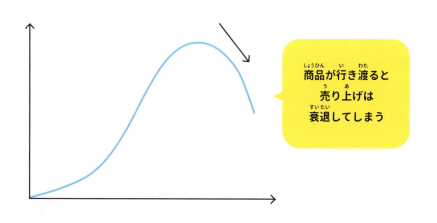

統計を正しく見るために

考えてみると、私たちは「統計のつくり手」になるよりも、「統計の受け手」になることのほうが多いし、日常生活には統計があふれている。だから、統計を正しく読み取れる能力がとても重要になるんだ。

なにしろ、統計は説得力が強力だ。数値やグラフでズバリ、相手の心に訴えかけるのだから。そのため、統計を不正使用したり、自分たちに都合のいいように統計を変形してしまうこともある。だから、「統計には裏があるから、疑ってかかる」ことが必要なこともあるんだ。そこで、統計を見たときの対処法をまとめておこう。

統計の見方その ❶
誰がこの統計をつくったのか

どの統計も人がつくったものであり、それをつくった人々の主張を補強するために統計は使われる。

たとえば、ある社会現象をおかしいと思っている人々と、好ましいと感じている人々とでは、統計をつくる目的が違う。その結果、同じ社会現象でも異なる統計が生み出される。

統計の見方その❷

なぜこの統計をつくったのか

統計は基本的に、目的をもってつくられる。何の目的のためにつくられたかによって統計はさまざまに姿を変える。したがって、統計のつくられた目的を知らないと、統計の正しい理解はできない。

統計の見方その❸

どうやって統計をつくったのか

統計はどうやってつくるかによって姿を変える。たとえば、調査対象や調査方法、アンケートのとり方などによって、統計はさまざまに変身してしまう。

この３つの見方が統計に強くなり、だまされないためのポイントだ！

もっと知りたい！

IoTと統計学

　「IoT」とは「Internet of Things」の略で、「物のインターネット」のことである。「あらゆる物をインターネットに接続することによって、物を効率よく使おう」という意味だ。これが統計学とどう結びつくのだろうか。

　たとえば、日本全国の飲料水の自動販売機をすべてインターネットにつなげた世界を考えてみると、個々の自動販売機で何が売れ、何を補充しなければならないかがすぐにわかり、効率よく巡回して作業ができる。これは、人件費の節約やガソリンの節約、ひいては、環境問題の改善にもつながる。

　また、自動販売機に各種センサーをとりつけることによって、売れる品物の種類と天候の関係、買う人の年齢、時間帯、道路状況……など、全国津々浦々から膨大な量の情報、つまり、ビッグデータが本部に集まってくる。これらのデータを統計学を用いて分析・検討すれば、売上向上の新たな対策を考えることができる。さらに、新しい商売を生み出すことも可能となる。

　意味のある新たな情報をビッグデータから見つけ出すのは、大変な作業だ。でも、その作業はコンピューターを使えば簡単にできる。最近では、人工知能を搭載したコンピューターによってビッグデータは効率よく、しかも迅速に処理されるようになった。人工知能は自分自

身でどんどん学習していくので、人間では思いつかないことまで我々に提案してくれる。だからこそキミたちには統計学を学び、ビッグデータや人工知能を使いこなして、よりよい社会をつくっていってほしい。

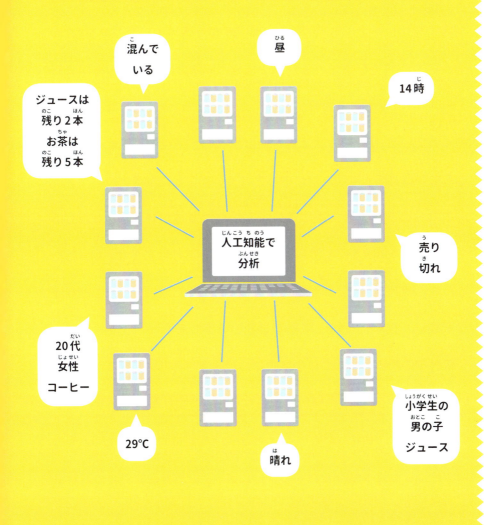

おわりに

　わたしたちは、毎日、たくさんのデータに囲まれて生活している。本書で紹介したように、友だちとなにげなく行っているジャンケン、テレビや新聞で配信される商品の広告、学校の成績や塾の進学資料……。小学生が触れる世界だけを見ても、じつにさまざまなデータがあふれている。しかも、大人になればなるほど子供のときとは比較にならないほど膨大なデータの中で生きていくことになる。

　これらのデータを上手に活用するための道具が統計なんだ。もはや、統計学の知識なくして日々の生活を送ることはむずかしい。わたしたちは統計学を使いながらデータの海を上手に泳いでいかなければならないのだ。本書はそのための最初の一歩である。

　統計学の初歩的なことは小学生でも理解できるし、すでに使ってもいる。しかし、最先端の統計学ともなると、かなり高度な数学が必要になってくる。中学、高校……と、学ぶ数学の範囲が広がったら、それに応じてさらに高度な統計学を学ぶとよい。自然や社会のしくみがよ

りよく見えてくるはずだ。あせらず、ゆっくりと、一生、統計学とつきあうことをオススメする。

なお、本書でも述べたが、もう一度強調したいことがある。それは、偽りの統計には注意しよう、ということだ。「内閣の支持率50%」のように統計は、ズバリ、数値で判断するため人を説得する力が非常に強い。そのため、この威力を悪用した偽の統計が世の中には珍しくないのだ。たとえば、都合のいい人だけを調べておいて「アンケート調査の結果、□□□であることがわかった」などという統計を平気で世間に発表する。これはすごく怖いことである。誰がなんの目的でどのように調査し、どのような計算で統計を導き出したのかが示されないと□□□が正しいかどうかはわからないのである。イギリスの元首相ディズレーリが「世の中に3種類の嘘がある。それは、嘘、大嘘、統計だ」とはまさにこのことを指しているのである。統計があふれている現代で生活するためには、その統計・データがホントかウソかを見破る力も、スゴク必要なのだ。だまされてみじめな生活を送らないためにも、しっかりとした統計学を身につけてほしい。

それに、この勉強、はまるとなかなかおもしろい!!

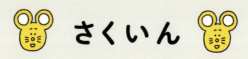

さくいん

あ行

一様分布 ……………………………… 80

か行

回帰分析 …………………………… 102
階級 …………………………………… 33
階級値 ………………………………… 44
確率 ……………… 25, 68, 69, 70, 72, 74, 76
確率分布曲線 ………………………… 79
確率分布グラフ …………………… 80, 82
確率分布ヒストグラム ……………… 79
確率変数 ……………………………… 80
仮説 ………………………… 25, 100, 101
危険率 ……………………………… 101

期待値 ……………… 20, 84, 85, 137, 141, 142
区間指定 ……………………………… 95
検定 ……………………………… 95, 100
国勢調査 ………………………… 28, 146
個体 ……………………………… 34, 35
個票 ……………………………… 34, 35

さ行

最頻値 ……………… 40, 44, 45, 47, 48, 49
散布図 ………………………………… 62
人工知能 ………………………… 118, 119
推定 ……………………………… 90, 95, 96
数学的確率 ………………… 69, 72, 73, 74
正規分布 …………… 59, 60, 61, 126, 127, 128, 129
正規分布曲線 …………… 83, 124, 126, 127, 128
正の相関 …………………… 62, 63, 64, 65
センサス ……………………………… 28
全数調査 ……………………………… 90
相関 ………………………… 62, 63, 64, 65
相関係数 ………………………… 64, 65
相関図 ……………………… 16, 62, 63, 65
相対度数 …………………… 70, 76, 77, 139

さくいん

た行

代表値 ··········· 40,46,48

多変量解析 ··········· 102

中央値 ··········· 40,42,47,48,49

点推定 ··········· 96

統計的確率 ··········· 69,70,72,74

度数 ··········· 33

度数分布グラフ ··········· 36,58,59

度数分布表 ··········· 33,36,37,45,76

は行

範囲 ··········· 52

ビッグデータ ··········· 144

ヒストグラム ··········· 38,78

非復元抽出 ··········· 93,94

標準偏差 ··········· 51,56,58,59,60

標本調査 ··········· 90,96,98

復元抽出 ··········· 93,94

負の相関 ··········· 62,63,64,65

分散 ··········· 51,54,56,58

分布 ··········· 33,83,122

平均値 ··········· 40,41,46,48,49,51

ベイズ統計 ··········· 86,121

偏差 ··········· 52,53,54

偏差値 ··········· 60,61

変数 ··········· 80

変動 ··········· 54

変量 ··········· 102

母集団 ··········· 90,93

ら行

ランダム ··········· 10,90,106,108

ランダムサンプリング ··········· 90,92,93

ロジスティック曲線 ··········· 148,149

A ～ Z

IoT ··········· 152

RDD法 ··········· 92,98

チュータにも、統計のおもしろさが伝わったかな？高度な計算を使えばもっといろいろなことがわかってくる。統計を正しく使えるようになろうね。

統計って、とっても奥が深い！人工知能にも統計が使われているんだよね？次は人工知能についても知りたいな！

著者

涌井良幸
わくい・よしゆき

東京生まれ。東京教育大学(現在の筑波大学)理学部数学科を卒業し、
教職に就く。教職を退職したのち、ライター業に専念。
『統計学の図鑑』(技術評論社)
『これならわかる！統計学』(ナツメ社)
『ビジュアル 高校数学大全』(技術評論社)
『「数学」の公式・定理・決まりごとがまとめてわかる事典』(ベレ出版)
など統計や数学に関わる書籍を数多く手がけている。

編集

畑中隆
はたなか・たかし

横浜市立大学卒業後、ビジネス系出版社に勤務し、サイエンス分野
を中心に多数のベストセラー書を企画・編集。とくに統計学ジャン
ルを得意とし、入門書からベイズ統計、多変量解析に至るまで30点
を超える統計本を手がけてきた。独立後、編集工房シラクサを設立。
サイエンス書を中心に＜文系と理系＞をつなぐ編集力、
また、サイエンスライターとしてのライティング力には定評がある。

子供の科学 編集部

スタッフ

装丁・本文デザイン／寄藤文平 ＋ 鈴木千佳子（文平銀座）
DTP ／ SPAIS（上野有　原田朋子　古市祐子　大森丈広　熊谷昭典）
キャラクターイラスト／うえたに夫婦
図解イラスト／チューブグラフィックス（木村博之）、SPAIS
校正／塩野祐樹

NDC 441

子供の科学★ミライサイエンス
数・表・グラフを自在に使ってビッグデータ時代を生き抜く
統計ってなんの役に立つの？

2018年5月30日　発　行

著者
涌井良幸

発行者
小川雄一

発行所
株式会社 誠文堂新光社
〒113-0033　東京都文京区本郷 3-3-11
（編集）電話 03-5805-7765　（販売）電話 03-5800-5780
http://www.seibundo-shinkosha.net/

印刷・製本
大日本印刷 株式会社

©2018, Yoshiyuki Wakui.　Printed in Japan

検印省略

本書記載の記事の無断転用を禁じます。万一落丁・乱丁の場合はお取り替えいたします。本書のコピー、スキャン、デジタル化等の無断複製は、著作権法上の例外を除き、禁じられています。本書を代行業者等の第三者に依頼してスキャンやデジタル化することは、たとえ個人や家庭内での利用であっても著作権法上認められません。

JCOPY ＜（社）出版者著作権管理機構 委託出版物＞
本書を無断で複製複写（コピー）することは、著作権法上での例外を除き、禁じられています。本書をコピーされる場合は、そのつど事前に、(社)出版者著作権管理機構（電 03-3513-6969／FAX 03-3513-6979／e-mail:info@jcopy.or.jp）の許諾を得てください。

ISBN978-4-416-51817-5